KB064886

생태경제학자 조영탁,

생태경제와 그린 뉴딜을 말하다

생태경제학자 조영탁,

생태경제와 그린 뉴딜을 말하다

조영탁

글머리에

나이 40을 넘은 늦깎이로 우리 학계에 생소한 '생태경제학(Ecological Economics)'에 입문하여 생태경제와 에너지 및 환경문제를 연구한 지 어언 20년이 지났다. 나와 같은 천학비재(淺學菲才)는 평생 한 가지 분야를 파고들어도 부족하고 시원치 않은데, 연구 인생의 정점을 지나 내리막길로 접어들 즈음에 새로운 분야를 시작한 까닭에 지난 20년 동안 이룬 성과가 보잘것없고 부끄럽기 짝이 없다. 이제는 내리막길이 아니라 정년이란 막다른 길로 접어들었으니 앞으로의 성과는 더욱 기대하기 어렵고, 학문 인생의 마지막 단계인 '종심소욕 불유구(從心所慾不踰矩)'는 언감생심이다. 그래서 사람들은 나이가 들면 미래를 준비하고 새로운 것에 도전하기보다 자꾸 과거를 되돌아보고 지난 일을 곱씹는 모양이다.

이 책은 지난 20년간 저자가 '생태경제와 그린 뉴딜 그리고 그 핵심으로서 에너지문제'에 대해 여기저기 쓴 칼럼들을 모은 것이다. 당연히 출간의 주된 이유는 생태경제학자라는 학문생태계의 희귀종으로 살아온 연구 인생을 되돌아보는 데에 있다. '과거의 반추'가 주된 이유이기는 하나 '미래의 준비'가 전혀 없지는 않다. 오랜 기간에 걸쳐 두서없이 쓴 글의 부족함을 살핌으로써 얼마 남지 않은 연구 인생에서 '불유구(不踰矩)'는 어렵더라도 '혹세무민(惑世誣民)'은 하지 않게 스스로를 성찰하기 위해서다.

연구와 무관한 개인적 차원이기는 하지만 출간의 또 다른 중요한 이유는 '감사의 표시'다. 한 갑자를 살면서 주변 지인들로부터 너무나 많은 도움을 받고 신세를 졌다. 특히 최근에는 잠시 학교를 떠나 전력거래소에서 근무하면서 여러 분야에서 많은 분들의 도움을 받았다. 이를 제대로 갚지도 못한 채 턱없이 부족한 성과에 늘 송구함을 느끼던 차에 그동안 살아온 기록이라도 만들어 이에 보답해야겠다고 생각하였다.

수년 전에 학술적인 글을 모아 책을 출간한 적이 있지만, 감사의 표시로는 대중적인 칼럼집이 더 적합할 것 같다. 어려운 용어와 딱딱한 수치로 장황하게 서술한 학술서와 달리 칼럼에는 비슷한 내용이 일상 용어로 간결하게 응축되어 있고 학술서에는 담을 수 없는 저자의 감성과 체취까지 묻어있기 때문이다. 나이테가 나무의 일생을 쉽고 간결하게 보여주듯이, 칼럼집을 통해 저자의 지난 연구 인생을 한눈에 보여드릴 수 있기를 기대하고 있다(생태경제와 생태적 뉴딜, 지속가능한 에너지와 농업 등에 대해 좀더 상세하게 접근하실 분들은 졸저 『한국경제의 지속가능한 발전 전략: 생태경제학의 기획』을 참고하시기 바란다).

책은 크게 5부로 구성되어 있다. 제1부는 생태경제학과 생태경제의 이론적 내용과 설명에 관한 것으로 생태경제학은 전통경제학과 달리 인간의 경제활동이 '자원흐름'을 통해 자연생태계와 불가분의 관계로 연결되어 있다는 점, 그리고 현대 경제활동이 자연생태계를 닮은 '생태경제'로 전환해야 한다는 점을 강조한 글이다. 제2부는 한국경제는 물론 20세기 세계 경제위기를 타개하기 위한 전략, 즉 새로운 뉴딜로서 생태적 뉴딜과 온실가스 감축에 대한 것으로 저자가 생태경제학 이론을 응용하여 전통적 뉴딜과 대비한 '생태적 뉴딜'개념을 정립하고, 이를 토대로 진정한 그린 뉴딜로서 생태적 뉴딜의 방향과 내용을 제안한 것이다. 제3부는 그린 뉴딜의 핵심인 에너지 문제 특히 에너지세제와 전기요금에 대한 글로서 다른 나라에서 유례를 찾아볼 수 없는 우리나라 '전기요금의 저렴한 상대가격 구조'를 지적하고 그 해결책으로 에너지세제와 전기요금 간의 통합조정을 제안한 내용이다. 제4부는 에너지믹스와 전환에서 지난 10여 년간 가장 뜨거운 쟁점이 되었던 원전과 재생에너지에 대한 글로서 화석연료는 물론 재생에너지의 부존 여건도 그리 좋지 않고 고립계통망인 우리나라의 안정적인 에너지전환 방안으로 '가스 징검다리 전략'을 제안한 것이다. 제5부는 환경문제에 관한 서평과 대담으로 구성되어 있는데, 형식은 서평과 대담이지만 내용은 현실 정책에서 '환경가치의 위치설정'에 관한 저자의 고민을 담은 것이다.

이상의 이유와 구성으로 과거의 글들을 모으기는 했으나 애초에 한 권의 책을 의식하여 쓴 것이 아니고 당시 지면의 상황과 요청에 따른 것이다 보니 다루는 주제는 물론 내용상 중복되거나 빠진 것이 많고 글의 밀도도 서로 다르다. 이를 보완하기 위해 주제의 연관성에 따라 비슷한 분야로 묶고 논리적으로 연계되도록 배치했지만 한 권의 책으로서 체계성은 여전히 부족하다. 글의 내용 역시 집필 당시와 상황이 많이 변해 내용 중 일부는 이미 실현되었거나 현재 상황에 그리 적절하지 않게 된 것도 있다. 하지만 출간의 목적이 '반추와 성찰 그리고 감사'인 만큼 체계를 갖추기 위한 제목의 수정이나 문장 교열 이외에는 손을 대지 않고 원문을 그대로 수록하였다. 다만 이로 인한 독자의 불편함을 조금이나마 덜기 위해 각부의 제일 앞에 '미리 보기'를 두어서 글을 집필할 당시의 상황과 생각 등을 간략하게 덧붙였다.

어떤 종류의 책을 내든 마무리해 놓고 보면 항상 부끄럽고 두려운 마음을 지울 수 없다. 살아온 인생 자체가 결함투성이니 쓴 글 역시 마찬가지라고 생각하고 위안으로 삼는다. 다만 부족한 글들이기는 하지만 유의미한 것이 하나 있다면, 글의 저변을 관통하는 동일한 문제의식이 아닌가 한다. 그것은 바로 우리나라 에너지 및 환경문제 나아가 경제문제에 있어서 보수, 진보 그리고 환경진영이 보이고 있는 이념적 진영논리와 소모적인 정치과잉에 대한 우려와 극복이다. 주어진 능력에 벅찬 일이기는 하나 막다른 길에 이르기까지 저자에게 남은 과제가 있다면, 그것은 바로 이러한 '진영논리의 해독'과 '정치과잉의 정정'을 통한 '실사구시의 구현'이 아닐까 한다.

끝으로 너무 당연한 얘기지만 여기에 수록된 글은 저자 개인의 것만이 결코 아니다. 지난 20년 동안 생태경제학과 생태경제, 그린 뉴딜과 에너지문제, 환경문제와 농업문제로 같이 고민하고 얘기를 나눈 전문가들, 그리고 전문연구자는 아니지만 현장에서 쌓은 내공과 통찰로 전문가 이상의 식견과 혜안을 나누어주신 분들이 없었다면 이 책은 발간조차 어려운 결함투성이였을 것이다. 지난 20년의 연구 인생에 물심양면으로 도움을 주신 모든 분들께 이 자리를 빌려 진심으로 머리 숙여 감사와 존경의 마음을 전한다.

2021년 6월

조영탁

목차

제3부

에너지세제와 전기요금: 바로잡기

제4부

원전문제와 에너지전환론: 중심잡기

제5부

감성주의와 시장주의: 톺아보기

제1부

생태경제학과 생태경제

: 맛보기

미리 보기

제1부는 전통경제학은 물론 전통경제학의 관점에서 환경문제를 다루는 환경경제학과도 구별되는 생태경제학의 기본성격과 주요개념 그리고 생태경제학이 지향하는 '생태경제(eco-economy)'에 관한 글을 모은 것이다.

우선, 생태경제학은 전통경제학과 달리 경제활동을 화폐 단위로 표현되는 '시장가격 분석'에서 출발하지 않고 경제활동이 유발하는 물적 단위로서 '에너지와 물질 분석'에서 출발한다. 이는 전통경제학과 달리 모든 경제활동에 에너지와 물질 사용이 필수적임을 강조하는 의미도 있지만, 에너지와 물질을 포함한 경제 활동의 화폐가격만 따지면 경제활동의 에너지와 물질사용이 자연생태계에 미치는 '생태물리적 부담'이 드러나지 않기 때문이다. 한편 '에너지'는 그것이 화석연료든 태양에너지든 한번 사용하면 재사용이 불가능하다는 점, 물이나 철과 같은 '물질'은 에너지를 추가하여 재활용하면 반복 사용이 가능하다는 점은 생태경제학이 추구하는 생태경제의 구현에서 중요한 의미를 지닌다(물론 에너지로도 물질로도 사용 가능한 자원도 있지만 어느 쪽으로 사용하는가에 따라 재활용 가능 여부가 결정된다).

이처럼 인간의 모든 경제활동에는 에너지와 물질이 사용되고, 열역학법칙에 따라 정확히 사용된 양만큼 엔트로피가 증가된 폐기물로 자연생태계에 버려지기 때문에 경제활동이 어떤 종류('자원의 성격')의

에너지와 물질을 어느 정도의 규모('자원의 규모')로 어떻게 사용('자원활용의 기술')하는가에 따라 자연생태계에 큰 영향을 준다. 이처럼 자연생태계에서 경제활동으로 유입·사용된 후 다시 자연생태계로 배출·폐기되는 '에너지와 물질 흐름'을 생태경제학에서는 '자원흐름(throughput)'이라고 한다. 비유하자면 인간의 경제체제는 어머니(=자연생태계)의 뱃속에 '탯줄(=자원흐름)'로 연결되어 있는 태아(=경제체제)인 셈이다. 자연생태계와 개념적으로 분리된 채 화폐 단위로만 분석하는 시장경제가 아니라, 자연생태계와 자원흐름으로 연결된 시장경제에서 출발한다는 점이 전통경제학과 생태경제학을 구별 짓는 가장 큰 차이라고 할 수 있다.

'자원흐름'을 통한 자연생태계와의 연결이란 개념이 시사하듯이 45억 년 동안 지구의 자연생태계가 바로 이러한 에너지와 물질 흐름에 의해 유지되어 왔다. 즉 지구의 자연생태계는 양이 거의 무제한이고 청정한 '태양에너지'를 이용하고 모든 물질은 반복해서 사용하는 '순환형 방식'을 취하고 있다. 이에 비해 산업혁명 이후 인간의 경제체제는 이산화탄소로 자연생태계에 부담을 주면서 부존량도 제한되어 있는 '화석연료 에너지'를 사용하고, 물질도 한번 쓰고 버리는 '일회용 방식'을 택하고 있다. 경제체제(=태아)가 자원흐름이란 탯줄로 자연생태계(=어머니)와 연결되어 있음에도 현대 경제체제의 '자원흐름의 성격과 규모 그리고 방식'은 자연생태계와 충돌하는 모양새가 된 것이다. '고탄소의 화석에너지와 일회용 물질사용'에 기초한 경제체제가 엄청난 성과를 창출한 것은 긍정적이지만, 이러한 경제활동의 규모가 점점 커지면서 자원흐름상 양자간의 충돌이 심화되어 자원고갈과 환경위기(지구온난화 및 생물종 멸종)가 발생하고 있다는 것이 생태경제학의 현실 진단이다.

이러한 진단에 대한 생태경제학의 처방은 명확하다. 현대 경제활동의 고탄소 화석에너지 및 일회용 물질사용을 지구생태계의 수용범위 이내로 제한하면서(기후변화협약에 의한 전 세계의 이산화탄소 배출량 제한이나 자원보전을 위한 연간 쿼터 제한 등은 그 단적인 예이다), 경제체제의 자원흐름 혁신 즉 고탄소·화석에너지를 저탄소·재생에너지로 전환하고 일회용 물질사용을 순환형 물질사용으로 바꾸는 것이다(='자원흐름의 생태적 전환'). 이처럼 생태경제학이 지향하는 새로운 경제체제는 자연생태계의 에너지와 물질 흐름을 닮아가는 '생태경제'이며, 이런 의미에서 자연생태계는 '미래의 경제학'인 셈이다.

이러한 '자원흐름의 생태적 전환과정'에서 새로운 성장동력과 일자리를 창출하고 사회적 약자의 불평등을 경감한다는 점에 생태경제학은 성장, 분배, 환경 간의 조화, 즉 21세기의 새로운 발전방식으로서 '지속가능한 발전(sustainable development)'을 표방한다. 물론 신생학문으로서 생태경제학이 '생태경제'와 '지속가능한 발전'의 탄탄한 이론과 구체적 해법을 모두 갖추고 있는 것은 아니다. 하지만 현실은 늘 이론을 앞서가듯이 21세기 세계경제는 이미 그 방향으로 나가고 있다고 생각된다.

제1부의 전반부(1~4)는 이러한 생태경제학의 지향점, 생태경제의 내용, 생태경제학의 방법론인 생태적 배낭 등을 설명하는 글로 구성되어 있다. 이 가운데 비교적 대중적으로 알려진 '생태적 배낭(ecological rucksack)'은 재화나 서비스의 생산에서 폐기에 이르기까지 모든 과정에서 유발하는 자원흐름이 자연생태계에 주는 부담을 나타

내는 것으로 생태경제학의 특징을 단적으로 보여주는 개념이다.

후반부(5~8)는 고탄소 화석에너지 문제와 물질순환형 경제 그리고 생태경제를 위한 사회구성원의 의식변화 및 과학기술의 역할에 대해 쓴 글이다. 너무 당연한 얘기지만 자원을 사용하여 제품을 생산하고 이를 소비하는 것은 기업과 소비자이기 때문에 생태적 전환에서 시장경제의 변화, 즉 재화나 서비스 선택에 영향을 주는 '소비자의 의식변화'와 기업의 생산방식과 관련된 '과학기술의 변화'는 매우 중요하다. 흔히 시장경제나 과학기술을 자연생태계 파괴의 주범으로 생각하고 이에 부정적인 태도를 취하는 경우가 종종 있다. 물론 그와 정반대로 환경위기는 근거 없는 기우이고 시장경제나 과학기술의 발전에 의해 자동적으로 해결될 문제로 생각하는 시장 및 과학만능론도 있다. 시장경제나 과학기술을 무조건 믿는 맹신주의도 문제지만 그렇다고 시장경제나 과학기술을 부정적으로만 생각하는 입장 역시 문제 해결에 큰 도움이 되지 않는다. 생태경제로의 전환은 소비자의 의식 변화와 환경친화적 과학기술혁신 등 다양한 요인들이 시장경제 속에서 화학적 결합되어야 가능하기 때문이다.

생태경제학의 생태학 기반을 구축한 홀링(C. Holling)은 '자연생태계의 안정적인 전환을 보장하는 복원력(resilience)은 바로 자연생태계의 생물종 다양성에 있다'고 갈파한 적이 있다. 현대 경제체제의 안정적인 생태적 전환에도 다양성은 매우 중요하다.

01

21세기를 꿈꾸는 지속가능성의 과학
: 생태경제학

생태경제학(Ecological Economics)이 '지속가능성의 과학'(science of sustainability)이란 기치하에 활동을 개시한 것은 1990년대부터이다. 생태경제학의 출범은 전 지구 차원에서 발생하고 있는 자연생태계의 위기와 무관하지 않다. 산업혁명 이후 폭발적으로 증가한 인류의 경제활동이 20세기 후반으로 접어들면서 지역단위를 넘어 기후 변화, 생물종 멸종 등과 같이 지구 전체 생태계에 심각한 위험 신호를 발생시키고 있기 때문이다.

이러한 상황에서 생태경제학은 자연생태계의 중요성은 도외시한 채 인간의 경제활동에만 치중하는 경제학은 물론 인간의 경제활동을 도외시한 채 자연생태계에만 치중하는 생태학 모두를 비판하면서 경제학과 생태학 간의 대화와 통합을 제안한다. 그 출발점은 바로 자연생태계와 인간사회에 대한 새로운 관계설정, 즉 자연생태계와 인간사회는 별개의 것이 아니라 '에너지와 물질' 즉 '자원 흐름'으로 서로 연결된 유기적인 시스템이라는 관점이다. 따라서 인간이 어떤 성격의 에너지와 물질을, 얼마만큼의 규모로, 어떻게 이용하는가에 따라 자연생태계는 여러 가지 변화를 겪게 되고, 이로 인한 자연생태계의 변화는 인간을 포함한 모든 생명체의 활동에 중대한 영향을 준다.

이러한 관점에서 입각하여 생태경제학은 현재 인간의 경제활동에 대해 다음과 같은 진단을 내린다. 현재의 경제성장은 엄청난 양의 에너지와 물질을 생태계로부터 획득하여 사용하고(=자원고갈과 환경파괴), 정확히 그만큼의 폐기물을 생태계로 배출하면서(=폐기물의 급증과 환경오염) 인류 포함한 모든 생명활동의 토대인 생태계에 부담을 가중시키고 있다(=생명기반체계로서 생태계의 위기). 더구나 그동안의 엄청난 물적 경제성장에도 불구하고 인류사회는 여전히 기아문제와 빈곤문제를 해결하지 못한 채, 지구생태계의 위기 속에서 부국과 빈국, 부자와 빈자 간의 갈등을 심화시키고 있다. 과연 이러한 경제성장 방식이 과연 지속가능하고, 사회적으로 바람직하며 나아가 인류와 모든 생명체의 안정적인 미래를 보장할 수 있을까? 경제와 사회 그리고 환경의 지속가능성에 대한 생태경제학의 고민은 바로 여기에서 시작한다.

생태경제학은 경제적 효율성이란 시장원리로만 풀어가는 기존의 전통경제학으로는 자연생태계와 인간사회 간의 올바른 관계설정을 수립하는 데에 한계가 있다고 주장한다. 설령 경제활동에 환경 관련 비용을 화폐가치로 반영(=외부성의 내부화)하더라도 인간과 자연생태계의 지속가능성 문제는 환경의 화폐가치를 고려하는 차원을 넘어서는 생태학적 진단과 사회적 가치판단의 문제이기 때문이다. 또한 현재의 과학기술 역시 문제해결에 한계가 있다고 인식한다. 지금까지의 자연과학은 자연생태계를 총체적으로 인식하기보다 환경에 대한 부분적인 보수와 관리라는 차원으로 접근하고, 기술개발 역시 환경보호보다는 환경파괴의 경로로 발전해 왔기 때문이다.

따라서 자연생태계와 인류사회의 지속가능성을 위해서는 인식의 대전환, 즉 경제학의 관점(=시장 원리)에서 자연생태계를 파악할 것이 아니라, 생태학의 관점(=생태계 원리)에서 경제활동을 파악하는 코페르니쿠스적 전환이 필요하다. 생태경제학은 인간의 경제활동에서 시장의 신호대로 자연생태계를 이용할 것이 아니라, 반대로 자연생태계의 원리에 시장 신호가 따라갈 것을 주문한다. 시장경제 활동을 근시안적 성과로만 판별할 것이 아니라 자연생태계에 미치는 중장기적인 영향을 반드시 고려할 것을 강조한다. 생태계의 이용과정에서도 경제적 약자나 미래세대에게 불이익이 돌아가지 않도록 세대 내와 세대 간의 형평성을 중시한다. 생태계 파괴를 유발하는 과학기술 역시 생태계 원칙을 준수하는 과학기술로의 전환을 요구한다.

이처럼 생태경제학은 경제 활동을 생태학적 관점하에 새롭게 조망함으로써 '생태학적 원칙'과 '공정한 사회윤리'라는 토대 위에 '시장경제의 재정립'을 추구하는 작업, 이른바 "Ecology, Ethics, Economics라는 3E의 통합"을 추구하는 거대한 21세기 프로젝트이다. 이는 '45억 년 역사의 자연생태계 원리'를 불과 '200년 역사의 시장원리'가 잠식한 것에 대한 20세기 경제학의 냉철한 자기반성이자, 자연생태계 속에서 자신의 자리를 새롭게 모색하려는 21세기 새로운 경제학의 치열한 몸부림이기도 하다.

〈교수신문〉, 2004.6.16.

02
생태학과 경제학의 화해
: '생태경제'

영국의 유명한 과학자이자 문학가인 스노(C. P. Snow)는 자신의 명저인 『두 문화』에서 인문과학과 자연과학 간의 대화 단절을 호되게 비판한 적이 있다. 다른 분야와 교류 없이 진행되는 전문성 위주의 교육이나 연구가 결국 근대문명의 부작용을 초래하였다는 것이다. 엄청난 속도로 세분화되어 가는 현실 속에서 전문화의 불가피성은 인정하지만, 그래도 관련성이 높거나 서로 협조해야 할 학문분야 사이에 대화가 단절되는 것은 어쩐지 좀 아쉽다. 게다가 단절을 넘어 원수인 양 대립하는 상황이 되면 아쉬움은 안타까움으로 바뀐다. 생태학과 경제학이 바로 그런 사례 중 하나다. 엄청난 경제성장과 환경파괴에 즈음하여 환경을 위해 "이제는 그만"이라고 외치는 생태학, "그래도 여전히 배가 고프다"는 경제학, 과연 이들 간의 화해와 대화는 불가능한 것일까?

흔히 생태학과 경제학을 서로 관련이 없는 별개의 학문으로 생각하는 경우가 많다. 생태학은 자연현상을 다루는 자연과학에 가깝고, 경제학은 사회현상을 다루는 사회과학이니 그렇게 생각하는 것도 무리가 아니다. 하지만 차분히 따져 보면 자연과학과 사회과학 간에 있어서 생태학과 경제학만큼 교류와 협력이 필요한 경우는 그리 흔치 않다.

우선 두 학문의 이름부터가 그렇다. 생태학(Ecology)과 경제학(Economics)은 모두 eco라는 말로 시작되는데, 이는 그리이스어로 '집'이란 뜻을 가진 '오이코스(oikos)'에서 온 말이다. 즉 경제학이 '인간의 집안'(경제활동의 원리)을 연구하는 학문이라면, 생태학은 '자연이라는 집안'(자연활동의 원리)을 연구하는 학문인 것이다. 사람으로 치자면 같은 성(姓)씨인 셈이다. 물론 성(姓)이 같고 취향이 비슷하다고 서로 친하게 지내야 할 이유는 없다. 하지만 두 학문분야가 연구하는 대상들을 보면 서로 친해지지 않을 수 없는 관계이다.

경제학이 다루는 경제활동이든, 생태학이 다루는 자연생태계의 활동이든 간에 모든 활동에는 '에너지와 물질'이 필수적이다. 게다가 인간의 경제활동이 자연생태계 안에서 이루어지기 때문에 경제활동과 자연생태계의 활동은 '에너지와 물질의 흐름'을 통해 서로 긴밀하게 연관되어 있다. 우선 인간은 경제활동에 필요한 에너지와 물질을 자연에서 채취하여 사용하고, 그 과정에서 발생한 폐기물을 다시 자연생태계에 버린다. 따라서 인간의 경제활동이 어떤 성격의 에너지와 물질을 얼마만큼의 규모로 어떻게 사용하는가에 따라 자연생태계의 에너지와 물질 흐름이 변하게 되고, 그 변화는 장기적으로 인간의 경제활동에 되먹임 효과를 유발한다. 자연생태계와 경제활동은 성씨만 같은 게 아니라, 어머니와 태아의 관계처럼 '에너지와 물질의 흐름'이라는 끈끈한 탯줄로 연결된 일종의 공동운명체인 셈이다.

하지만 불행하게도 현재 인간의 경제활동방식은 그 모태가 되는 자연생태계의 활동방식과 너무 다르다. 자연생태계는 태양에너지의 힘에 의해 모든 물질이 순환하는 체계이다. 물도 바람도 순환하고, 탄소도 산소도 순환하고, 그 안에 사는 모든 생명체들도 흙에서 나서 흙으로 돌아간다. 경제학적으로 표현하자면 자연생태계는 자원고갈이나 환경파괴의 우려가 없는 '태양에너지에 기초한 순환형 물질경제'라고 할 수 있다. 이에 비해 인간의 경제활동은 부존량이 일정한 화석에너지와 물질을 자연에서 채취하여 이용하고, 그로 인해 발생한 폐기물을 자연에 그대로 버리는 '화석에너지에 기초한 일회용 물질경제'이다.

더구나 인간의 경제규모는 19세기를 거쳐 20세기에 접어들면서 자연생태계가 감당하기에 어려울 정도도 계속 커져 왔다. 그 결과 20세기 후반부터 지역 단위에서는 말할 것도 없고, 기후변화, 생물종 멸종 등과 같은 전 지구적 차원의 생태계 위기가 발생하기에 이르렀다. 45억 년 동안 태양에너지를 이용하여 원활한 혈액순환을 지속했던 자연생태계가 불과 200년 동안에 인간의 경제활동에 의해 동맥경화증에 걸린 셈이다.

물론 근대사회 이후 인간의 경제활동을 생태계 위기라는 이유로 일방적으로 매도하기는 어렵다. 인류는 그동안의 경제성장을 통해 많은 문제를 해결하고, 또 놀라운 성과도 거두었기 때문이다. 하지만 엄청난 경제성장에도 불구하고 인류는 여전히 기아문제와 빈곤문제에 직면하고 있으며, 부국과 빈국, 부자와 빈자 간의 갈등은 더욱 깊어지고 있다. 급기야 최근에는 에너지자원을 둘러싼 다툼으로 세계평화에 빨간불까지 켜졌다. 과연 지금과 같은 경제활동방식을 얼마나 더 지속해야 기아와 빈부격차를 해결할 수 있을까? 해결은 둘째 치고 지금 중병을 앓고 지구생태계가 그때까지 아무런 탈 없이 잘 버틸 수나 있을까? 나아가 인류의 미래세대와 지구상 모든 생명체들의 안정적인 미래가 보장될 수 있을까?

현재 지구생태계의 위기를 감안할 때, 지금과 같은 경제활동 방식으로는 인류와 지구의 미래를 장담할 수 없다는 것이 많은 생태학자들의 진단이다. 그렇다고 지금 상황에서 인류가 걸어 온 길을 거슬러 근대 이전의 자급자족 경제로 되돌아갈 수는 없는 노릇이다. 어디 그 해법은 없는 것일까?

에코-이코노미(eco-economy), 즉 '생태경제'는 바로 그 답을 찾으려는 노력이다. 인간의 과학적 지식과 생태학적 지혜를 결합하여 '화석에너지에 기초한 일회용 물질경제'를 자연생태계와 같이 '친환경에너지에 기초한 순환형 물질경제'로 바꾸어가는 것, 그래서 재생가능에너지의 사용과 물질의 재활용을 추구하고 자연생태계의 수용범위를 넘지 않으면서 인간도 살고 생태계도 살고 삶의 풍요와 평등이 보장되는 것, 그것이 바로 '생태경제로서 에코-이코노미'가 지향하는 사회이다.

이를 위해서는 무엇보다 생태학과 경제학이 서로 만나 대화하는 것이 시급하다. 지금 인류사회와 지구생태계는 생태학과 경제학이 화해하고 대화하기를 바라고 있다. 이는 단지 학문 간 대화를 갈망했던 스노의 희망사항을 넘어 인류와 모든 생명체들의 간절한 희망사항일 것이다.

『푸른 연금술사』 11월호, 2004.

03 자연생태계의 원리
: 미래의 경제학 교과서

자연을 대하는 우리 인간의 태도는 다소 이중적인 데가 있다. 자연은 소중하며, 인간은 자연의 일부이기 때문에 자연을 보호해야 한다고 늘 입버릇처럼 말하면서도 우리의 일상은 자연파괴적인 생활에 익숙해져 있다. 때로는 이런 일상생활에서 탈출해 자연을 찾지만, 그 속에서 우리의 감성적인 휴식만 추구할 뿐 자연으로부터 어떤 이성적인 지혜를 배우려 하지 않는다.

하지만 자연은 그저 암기식 윤리시험의 정답이나 도시 밖에 있는 휴게소에 불과한 것이 아니다. 막연한 보호의 대상이거나 인간의 휴식 장소라는 의미를 넘어 자연은 우리 인간이 지혜를 배워야 할 대상이자 스승이라고 할 수 있다. 경제활동도 마찬가지이다. 그동안 자연생태계의 원리를 거슬리는 방향으로 진행된 경제활동도 이제 자연의 섭리를 고려하여 변해야 한다. 그런 의미에서 자연 생태계의 활동방식은 '미래의 경제학 교과서'이다. 어떤 이유로 자연생태계가 경제활동의 교과서가 될 수 있는 것일까? 이와 관련하여 유명한 생물학자인 배리 커머너(B. Commoner)가 자연생태계의 원리를 다음과 같이 요약한 적이 있다.

1. 만물은 서로 밀접하게 연관되어 있다.
2. 모든 물질은 어디론가 가게 되어 있다.
3. 자연이 모든 것을 가장 잘 안다.
4. 자연에 공짜 점심이 없다.

아주 쉽고 간결하지만 이 속에는 우리가 자연으로부터 배워야 할 중요한 경제적 지혜가 담겨져 있다. 우선, '자연 속의 만물은 서로 그물망처럼 밀접하게 연관되어 있다'는 사실이다. 마치 제석천(帝釋天) 인드라망의 그물코 하나가 흔들리면 그물 전체가 흔들리듯이 인간이 유발한 자연의 변화는 자원흐름을 통해 자연 전체에 영향을 준다는 사실이다. 그리고 그 자연의 변화는 결국 우리 인간에게 다시 영향을 미친다. 그럼에도 불구하고 우리는 인간의 경제활동과 자연이 별개인 양 경제활동이 자연과 조화를 이루어야 한다는 사실을 망각하곤 한다.

둘째, '자연 속에서 물질은 어디론가 가게 되어 있다.' 자연은 모든 물질을 순환시키고 재활용하기 때문에 쓰레기라는 것을 발생시키지 않는다. 썩은 낙엽, 죽은 사체조차 새로운 생명을 잉태하는 거름이 되기 때문이다. 자연은 모든 물질을 반복해서 사용하는 '재활용 시스템'인 셈이다. 이에 비해 인간의 경제활동은 처리가 곤란한 쓰레기를 대량으로 만들어 낸다. 쓰레기를 땅에 묻고 태워버리는 까닭에 겉으로 인간의 눈에 보이지 않을지 모르지만, 그것은 결국 어디론가 이동하여 자연생태계와 우리 인간에게 악영향을 준다. 즉 인간의 경제활동은 물질자원을 한번 쓰고 버리는 '일회용 시스템'인 셈이다. 따라서 인간의 경제활동이 자연과 조화를 이루기 위해서는 경제활동을 일회용 시스템에서 재활용 시스템으로 바꾸어야 한다.

셋째, '자연이 모든 것을 가장 잘 안다는 것이다.' 우리 인간은 모든 문제의 해결과 해법을 인간이 구축한 과학에서 찾는다. 하지만 근대과학의 위대한 성과와 시장경제의 놀라운 성취에도 불구하고 지구환경문제가 악화되고 있다는 것은 참 역설적이다. 과학과 시장이 모든 것을 다 해결해 주리라고 과신해서는 곤란하다. 어쩌면 우리는 울리히 벡(U. Beck)이 『위험사회』에서 갈파한 바와 같이 언제 폭발할지 모르는 '문명의 화산' 위에서 눈앞의 이익만 쳐다보면서 살아가고 있는지도 모른다. 인간의 과학기술과 시장경제도 자연이 45억 년에 걸쳐 체득한 지혜와 결합할 때에만 인류에 유용한 도구가 될 수 있다.

넷째, '경제활동은 물론 자연에도 공짜 점심은 없다는 것이다.' 그동안 인간은 자연을 마치 공짜인 양 마음대로 이용해 왔다. 우리가 자연이 지닌 자원을 이용하고, 경제활동에서 발생한 많은 폐기물을 자연에서 처리했지만, 자연은 군소리 한번 하지 않았고 우리 인간에게 청구서를 보낸 적도 없다. 공짜면 양잿물도 마신다는 속담처럼 자연을 공짜라고 생각하고 무절제하게 이용한 결과가 이제 막 나타나기 시작하였다. 하지만 경제학의 세계에서는 물론 자연생태계에도 공짜란 없다. 우리가 실컷 공짜 점심을 먹었다면, 누군가 반드시 그 대가를 치르게 된다. 불행하게도 그 대가는 후손들이 치르게 될 가능성이 높다. 개인적으로는 자신이 굶더라도 자식에게는 점심을 먹이고 싶어 하는 것이 부모의 마음이자 인지상정인데, 사회 전체는 왜 그런 부모의 마음을 가질 수 없는 것일까? 이제는 후손들이 살아갈 미래의 자연환경은 어떻게 되든지 현재 세대만 잘 먹고 잘 사는 경제활동을 할 것이 아니라 우리의 미래세대도 고려한 경제활동이 필요하다.

또 다시 봄이다. 자연의 섭리에 의한 계절의 순환은 한 번도 어김이 없이 한결같다. 그래서 예로부터 우리 조상들은 입춘을 시작으로 하는 24절기에 따라 한 해의 농사, 즉 경제활동의 계획을 세웠다. 입춘이 되면 농기구를 손질하고, 우수가 되면 논밭두렁을 태우면서 한 해의 경제활동을 준비하였다. 이런 절기 변화의 중요성을 모르고 딴짓을 하는 사람은 계절, 즉 철의 변화도 분간하지 못하는 분별없는 사람, 즉 '철없는 사람'이었던 것이다.

아무리 과학기술이 발달하고 시장경제가 발전하였지만, 여전히 변하지 않은 사실은 인간이 자연의 일부이고 경제 활동 역시 자연생태계 속에서만 가능하다는 점이다. 더구나 자연생태계는 우리 세대만 이용하는 것이 아니고 미래세대를 포함하여 모든 생물종들이 영구적으로 살아갈 삶의 터전이다. 이제 인간의 경제활동도 자연의 섭리에 아랑곳하지 않고 철없이 굴 것이 아니라, 자연의 섭리를 존중하는 철든 모습을 보여야 하지 않을까? 불과 50여 년 동안의 급속한 경제성장을 통해 이제 선진국을 눈앞에 둔 우리 시장경제도 이제는 삼천리 강산을 한번 돌아보고 철들 때가 되지 않았을까? 더구나 이제는 환경을 희생하여 수출경쟁력을 확보하는 시대가 아니라 환경성이 바로 새로운 의미의 경쟁력이 되는 시대가 아닌가?

『푸른 연금술사』 3월호, 2005.

04

'생태적 배낭'과 현대판 연금술사

: 자연의 짐 덜어주기

연금술이란 철과 같이 흔한 금속을 귀하고 값비싼 금으로 변화시키는 기술을 말한다. 중세 아랍지역에서 성행했던 이 기술은 지금 생각해보면 아주 엉뚱한 발상이지만 당시로서는 나름대로 과학적 근거가 있었다. 고대 그리스과학의 최고봉인 아리스토텔레스에 의하면 '모든 물질은 4가지 원소의 결합'(4원소설)이었기 때문에, 원소들의 결합비율을 변화시켜 물질의 성질을 바꾼다는 것은 당시로서는 충분히 시도해볼 만한 과학적 도전이었다. 여기에 아랍문화의 신비주의적 분위기가 다소 가미되면서, 연금술은 아랍지역을 중심으로 일대 부흥기를 맞게 된다. 하지만 수 세기에 걸친 연금술사들의 노력과 실험에도 불구하고, 모든 노력들은 물거품이 되고 중세 말기로 접어들면서 연금술은 점차 시들해지고 만다.

하지만 연금술의 실패와 좌절이 전혀 무의미한 것은 아니었다. 소설 『연금술사』가 우리에게 말해주듯, 진정 소중한 것은 보물찾기와 같은 목표달성이 아니라 그에 이르는 과정 자체이기 때문이다. 아랍의 연금술 역시 마찬가지였다. 수 세기에 걸친 실패과정을 통해 아랍은 화학을 비롯하여 수많은 과학발전을 꽃피울 수 있었기 때문이다. 연금술을 뜻하는 Alchemy란 단어에서부터 알코올, 알칼리 등 많은 화학 용어의 어원이 아랍어라는 것은 결코 우연이 아니다. 더구나 중세 유럽이 과학의 암흑기에 빠져 있던 동안, 아랍지역은 유럽을 대신하여 고대 과학을 계승하고 심화시켜 근대문명 발흥기의 유럽에 되돌려 줌으로써 인류 과학발전의 훌륭한 가교역할까지 수행하였다. 인간사 '새옹지마'라고 하지만, 거창한 역사적 흐름에도 이런 역설적인 상황이 존재할 때가 있다.

진짜 엉뚱한 발상이지만, 최근 광물자원의 환경파괴 문제를 생각하면 역사의 뒤안길로 사라진 연금술을 부활시키고 싶을 때가 있다. 우리가 사용하는 금속으로 인해 너무나 많은 환경 부담과 자연 파괴가 발생하기 때문이다. 정도의 차이는 있지만 대부분의 금속이 채굴에서부터 선별, 제련 등의 생산과정에서 환경에 많은 부담을 주는데, 특히 금의 환경파괴는 매우 심각하다.

이를 보다 실감나게 확인할 수 있는 것이 바로 '생태적 배낭(ecological rucksack)'이란 개념이다. 생태적 배낭이란 특정제품 한 단위를 만드는 과정에 관련된 자원 전체 무게에서 그 제품의 무게를 뺀 값을 말한다. 예를 들어 흙 1.5kg, 석유 9kg, 물 0.5kg(엄밀하게 말하자면 이 3가지 자원을 획득하는 데에도 별도의 자원이 필요하지만 개념설명과 계산편의성을 위해 별도의 자원은 고려하지 않는다)을 가지고 1kg짜리 그릇 하나를 굽는다고 가정한다면, 그릇 하나의 생태적 배낭은 10kg(= 11kg - 1kg)가 된다. 이 수치는 특정 제품의 생산으로 인해 자연이 떠안게 되는 부담을 간접적으로 표현하는 것으로, 이 수치가 커질수록 해당 제품이 자연 환경에게 주는 부담이 커지는 것으로 해석할 수 있다.

이를 활용하여 금속의 생태적 배낭을 계산하면 놀랍고도 재미있는 수치가 나온다. 금속 중에서 인류가 가장 많이 사용하는 철의 경우, 생산되는 철의 종류에 따라 다르기는 하지만 고로방식을 택하면 철 1kg당 대략 10~20kg 정도가 된다. 이는 철광석의 채굴에서부터 완제품의 생산에 이르는 과정에 철 자체 무게의 10~20배 정도의 자원이 관련된다는 뜻이다. 그러면 금 1kg의 생태적 배낭은 얼마나 될까? 자그마치 54만kg에 달한다. 금 1kg은 자신 몸무게의 54만 배의 부담을 자연에 지우는 셈이다. 하지만 사람들은 금의 화려한 빛깔과 묵직한 돈의 무게에만 관심이 있을 뿐, 이로 인해 자연이 얼마나 무거운 부담을 지게 되는지에 대해 관심이 없다. 등산할 때 메는 배낭은 자신이 직접 메기 때문에 무게에 신경을 쓰지만, 제품 생산이 초래하는 생태적 배낭은 자연이 대신 짊어지기 때문이다.

한물간 연금술이 새삼 떠오르는 이유가 바로 여기에 있다. 간단한 연금술의 공정을 통해 철 1kg을 금 1kg으로 전환시킬 수 있다면, 연금술의 공정과정이나 철 1kg이 유발하는 생태적 배낭을 감안하더라도 자연이 짊어지는 배낭의 무게를 거의 54만분의 1로 줄일 수 있기 때문이다. 이는 환경도 보호하고 돈방석에 올라앉는 일석이조의 묘책이다. 하지만 아무리 광물자원의 환경파괴가 심각하고 금빛 돈방석이 좋다고 한들, 실현 불가능한 환상을 좇는 중세의 오류를 또 다시 반복할 수 없는 노릇이다.

그렇다고 실망할 일만은 아니다. '소설 속의 연금술사'와 '역사 속의 연금술사' 모두가 우리에게 남긴 교훈은 목표달성의 가능성 여부가 아니라 이를 위한 과정 자체의 소중함이었다. 비록 연금술로

금을 만들 수는 없지만, 가능한 금을 적게 사용하고 금의 생산기술을 혁신하여 금의 생태적 배낭을 줄이도록 노력하는 과정 자체가 중요한 것이다. 철의 경우도 마찬가지이다. 동일한 단위생산량(1kg) 기준으로 볼 때 철의 생태적 배낭이 금의 생태적 배낭에 비해 아주 작기는 하지만, 철의 생산 총량 자체가 금에 비해 비교할 수 없을 만큼 크기 때문에 철의 생태적 배낭을 줄이는 노력 역시 매우 중요하다.

철의 경우, 좋은 사례는 전기로를 이용한 고철재활용 방식이다. 전기로 방식은 고로 방식에 비해 에너지가 1/3밖에 들지 않고, 광산에서 용광로에 이르는 공정이 없기 때문에 생태적 배낭이 크게 줄어든다. 이런 의미에서 고철을 활용한 전기로 방식은 비록 금을 생산하지 못한다고 하더라도 금쪽같은 귀중한 환경을 보호한다는 점에서 '현대판 연금술사'라고 할 수 있을 것이다.

최근 철강산업이 야기하는 환경파괴와 대기오염 그리고 지구온난화 등이 세계적으로 문제가 되면서 철강산업은 말 그대로 연금술과 같은 기적적인 변화를 요구받고 있다. 이제는 '소리 없이 세상을 움직이는 것'보다 '깨끗하게 세상을 움직이는 것'이 더 중요하고, 환경의 중요성을 모르는 '철없는 철강산업'보다 환경의 의미를 깨달은 '철든 철강산업'이 더 필요한 시대이기 때문이다

현대판 연금술사에게 바야흐로 중세의 연금술사와 유사한 역할, 즉 '검은 철강산업'이란 근대 문명을 혁신하여 '푸른 철강산업'이란 새로운 문명으로 되돌려줄 역사적 역할이 부여된 셈이다. 고대 과학과 근대 과학의 사이에 난 외길에서 우직하게 서있던 중세의 연금술사처럼 근대 문명과 지속가능한 문명의 중간 어디쯤인가 깨끗한 지구를 꿈꾸는 현대판 '푸른 연금술사'가 서있을 것이다. 중세의 연금술사

가 늘 실패와 좌절 그리고 때로는 포기하고 싶은 유혹 속에서 고민했듯이, 현대판 '푸른 연금술사' 역시 그러할 것이다. 어려움 속에서도 꿈꾸는 자는 늘 아름다운 법이다.

『푸른 연금술사』 11월호, 2005.

05

화석에너지를 넘어서는
21세기 대하드라마

요즘과 같은 영상시대에는 잘된 영화 하나가 좋은 책 한 권이나 글 한 편보다 사람의 마음에 더 와닿는 경우가 있다. 환경문제도 예외는 아닌 것 같다. 일본 애니메이션의 거장 미야자키 하야오의 영화들은 이러한 측면에서 눈여겨 볼만하다. 애니메이션하면 어린이 영화, 어린이 영화하면 미국의 월트 디즈니가 떠오르는 상황에서 월트 디즈니의 만화영화들을 다 준다고 해도 바꾸지 않겠다는 일본인의 자부심, 즉 미야자키 하야오의 작품들이 어떻게 연령과 지역을 초월하여 많은 사람들에게 감동을 주는 것일까?

'바람의 계곡 나우시카'에서부터 '천공의 섬 라퓨타', '토토로', '원령공주', '센과 치히로의 행방불명'에 이르기까지 미야자키 하야오의 작품들은 주로 물질문명으로 파괴되어 가는 지구 환경문제와 인간성 상실문제를 다루고 있다. 이들 작품들은 숲으로 대변되는 자연이 인간의 욕심과 물질문명에 의해 파괴되어 가고 있으며, 이는 곧 자연의 파괴일 뿐만 아니라 인간성 자체의 파괴과정이기도 하다는 점을 애니메이션 특유의 상상과 환상을 통해 아주 사실적으로 표현하고 있다(=

환상적 사실주의!).

이 중에서 특히 '센과 치히로의 행방불명'은 현대 물질문명과 인간성 상실을 아주 직설적으로 묘사한 영화다. 우연히 방문한 온천장에서 물욕에 눈이 멀어 돼지로 변해 버린 부모를 구출하기 위해 애쓰는 한 소녀의 모험담을 그린 이 영화는 장면 곳곳에서 인류사회의 자화상을 적나라하게 보여주고 있다. 석탄으로 대변되는 화석연료와 여섯 개의 팔로도 힘들게 일하는 가마할아범에 의해 유지되는 온천장의 화려한 불빛, 그 온천장에서의 물욕과 쾌락이 초래한 인간성 상실, 대량소비사회의 쓰레기로 인해 오물덩어리가 되어버린 하천의 모습(오물신) 등은 현대 물질문명과 인간성 상실에 대한 통렬한 비판이다.

이러한 비판은 서구물질문명을 지향하는 많은 나라들의 현실을 그대로 반영한다. 지구온난화와 대기오염을 유발하는 석유와 석탄은 세계 에너지원의 1, 2위를 차지하고 있다. 또 대량생산-대량소비체제는 많은 양의 폐기물, 그것도 오랜 기간 잘 썩지 않는 폐기물들을 쏟아내고 있으며, 이로 인해 세계 곳곳의 하천과 바다는 병들어 가고 있다. 어쩌면 현대 물질문명은 자연을 희생양으로 삼아 화석연료라는 토대 위에 세운 휘황찬란한 욕망의 바벨탑인지도 모른다.

그것만이 아니다. 석유로 대변되는 화석연료는 물질적 욕망만 부채질하는 것이 아니라, 그릇된 정치권력을 지탱하거나 그것과 결탁하는 수단이 되기도 한다. 많은 나라에서 석유사업이 정권창출의 토대이자 은밀한 정치적 거래수단이 된다는 것은 이젠 상식에 속한다. 더구나 20세기 말 사회주의체제의 붕괴와 냉전 종식으로 21세기 새로운 평화를 기대하였던 세계 인류에게 청천벽력처럼 다가온 전쟁과 테러 역시 석유가 그 원인이었다.

석유든 석탄이든 무엇이든 자연자원은 인간 생명과 사회 유지에 필수불가결하며, 인류가 이를 잘 관리하고 평화적으로 사용하면 그 자체가 축복이 된다. 하지만 이것이 피를 부르는 다툼의 대상이 되면, 이는 축복이 아니라 자연과 인간을 파괴하는 재앙으로 변한다. 석유 독점이란 사회적 비난과 자선사업이란 사회적 존경을 한 몸에 받은 석유재벌 록펠러가 석유를 '악마의 눈물'이라고 한 것도 이러한 석유 자원의 이중성과 무관하지 않다. 하지만 이제 '악마의 눈물'을 '천사의 미소'로 바꿀 시점이 되었다. 간디의 말처럼 지구가 갖고 있는 자원은 한 사람의 욕심을 충족하기에는 모자라지만, 인류가 공존해서 살아가기에는 충분하기 때문이다.

이제 인류는 자연과 공존하면서 동시에 자원 분쟁 없는 세계 평화를 유지하는 길이 무엇인지를 생각해야 한다. 아니 그렇게 하지 않으면 안 될 상황에 처하게 되었다. 화석연료로 인한 지구온난화는 어떤 재앙으로 다가올지 예측할 수 없다. 세계 곳곳의 환경파괴는 인류 생존의 위협으로 다가오고 있다. 꼬리에 꼬리를 무는 전쟁, 피가 피를 부르는 테러가 있는 한 인류사회의 평화는 불가능하다. 더 이상 인류 사회의 미래가 센과 치히로의 행방불명처럼 오리무중에 빠지지 않도록 힘과 지혜를 모을 때이다.

이러한 염원은 결코 만화영화 속의 공상세계에서만 가능한 것이 아니다. 최근 인류사회 내부에서는 자연과 인류사회의 공존, 인류사회의 평화 공존을 갈망하는 움직임들과 이를 뒷받침하는 과학기술과 제도 그리고 사상들이 여기저기서 터져 나오고 있다. 향후 21세기는 자연 파괴와 인류사회의 분쟁이라는 흐름이 자연과의 공존 및 인류사회의 평화라는 새로운 흐름으로 바뀌는 100년이 될 것이다. 그런 의미에서 미야자키 하야오의 영화들은 이 두 가지 역사적 흐름을 미리 보여 주는 21세기 대하드라마의 예고편인 셈이다.

지난 연말 '반지의 제왕'으로 유명한 톨킨의 수제자 다이애나 윈 존스라는 작가가 쓴 판타지 소설을 토대로 한 미야자키 하야오의 새 작품이 개봉되었다. 강력한 반전과 평화의 메시지를 담고 있는 그 영화의 말미에 나오는 이 대사는 의미심장한 의미로 와닿는다. "명분 없는 전쟁은 그만 두어야겠다." 어쩌면 미야자키 하야오는 최근 석유를 두고 벌어진 전쟁에 대해 이 말을 하고 싶었는지 모른다.

혹시 미야자키 하야오의 애니메이션들을 보지 않은 분이 있다면 아이들의 손을 잡고 같이 보기를 권하고 싶다. 애니메이션은 아이들이나 보는 것이라고, 그래서 아이들과 마음의 벽을 쌓지 말고 같이 손잡고 영화를 보고 우리의 미래인 아이들과 많은 대화를 나누었으면 한다. 미야자키 하야오의 영화는 자신의 말 그대로 "한때 열 살이었던 당신에게, 그리고 이제 열 살이 되려는 아이들에게" 보내는 희망의 메시지이기 때문이다. 돈을 열심히 벌어 자식들을 잘 입히고 좋은 과외를 시키는 것으로 부모의 도리를 다했다고 생각하는 것만큼 반생태적이고 비인간적인 생각은 없다. 바쁘다는 이유로 아이들과 대화하지 않는 사람들에게 자연과 공존하고 화해할 마음이 생겨날 리 만무하기 때문이다.

『푸른 연금술사』 1월호, 2005.

06 물질순환형 생태경제와 공생경영을 위한 생태산업단지

최근 자주 거론되는 경제문제 중의 하나가 바로 석유가격과 원자재가격 상승으로 대변되는 에너지와 물질문제일 것이다. 게다가 전 지구적 차원의 지구온난화에서 지역단위의 환경오염문제에 이르기까지 경제활동으로 인한 환경문제도 급격히 부상하고 있다. 이런 상황에서 에너지 및 물질절약과 환경오염문제라는 두 마리 토끼를 동시에 잡을 수 있는 있는 대안 중 하나로 생태산업단지(eco-industrial park)가 주목받고 있다. 생태계의 물질순환원리를 모방한 생태산업단지는 단지 내의 녹지조성에서부터 에너지의 공동활용, 나아가 부산물 및 폐기물, 즉 순환자원의 거래에 이르기까지 기업 간의 네트워크 구축을 통해 물질자원을 절약하고 환경오염도 최소화하는 이른바 일석이조의 전략이다.

다소 뒤늦은 감은 있지만 최근 우리나라도 3개 지역에 시범단지를 지정하는 등 생태산업단지와 기업 간 물질순환에 대한 정책적 노력을 경주하는 것은 바람직한 일이다. 물론 우리나라의 생태산업단지나 기업 간 물질순환이 아직 초기단계이기 때문에 이에 대한 평가는 시기상조이다. 하지만 이와 관련된 중요한 원칙이나 외국의 사례에 비추어 몇 가지 유의할 점을 짚어보는 것은 현 상황에서 여러 가지 의미가 있을 것으로 판단된다.

우선, 생태산업단지 그리고 기업 간 물질순환이 활성화되기 위해서는 정부의 계획이나 외부전문가의 역할보다, 기업들의 자율적인 이해관계에 기초한 '강한 네트워크'의 형성이 매우 중요하다. 생태계의 질서를 인간이 인위적으로 설계한다고 그대로 실현되기 어렵듯이, 기업 간의 순환 네트워크 역시 인위적 설계와 외부 지원만으로는 유지되기 어렵기 때문이다. 인위적인 네트워크 구축은 단기간에는 유지가 되지만 외부지원이 중단되거나 경기부침에 따른 기업 환경이 변하면 쉽게 붕괴되는 '약한 네트워크'이기 때문이다. 이는 외국의 사례를 통해서도 확인할 수 있는데, 비교적 성공적이라는 평가를 받고 있는 유럽의 생태산업단지는 오랜 기간에 걸쳐 형성된 자율적인 네트워크인 반면, 그리 긍정적인 평가를 받지 못하고 있는 미국은 정부주도적 경향이 강하였다.

그렇다고 생태산업단지나 기업 간 물질순환에 정부가 뒷짐을 지고 있어야 한다는 뜻은 아니다. 정부는 생태산업단지 등과 같은 기업 간의 순환 네트워크가 형성되고 진화할 수 있도록 제도적 환경을 구축하고 이를 지원하는 역할을 수행해야 한다. 칼룬보르의 사례처럼 정부가 강력한 환경규제정책을 펴되 경직적인 사후규제(end-of-pipe policy)가 아니라 기업이 주도적으로 문제를 예측하고 미리 대응하는 사전대응적(proactive policy) 분위기를 만들어 준 것이 주된 성공요인 중의 하나였다. 이에 비해 현재 우리나라의 폐기물 규제(폐기물관리법 등)는 경직적인 사후규제적인 성격이 강해, 산업단지 내에서는 물론 인접지역의 기업 간 폐기물 교환이나 유통을 어렵게 하는 경향이 있다. 우리나라도 점차 폐기물관리법 등의 법과 제도를 유연하게 변화시켜 기업의 폐기물 처리와 교환에 자율성과 융통성을 부여하되 그로 인한 부작용을 막기 위한 대책(예컨대 RFID를 활용한 추적 혹은 모니터링 시스템)을 강구할 필요가 있다. 또한 생태산업단지의 시범사업에 대한 평가에 있어서도 경제성 평가에만 치중할 것이 아니라 네트워크 구축으로 인한 환경성 평가(LCA 등) 등이 동시에 병행되도록 할 필요가 있다. 환경성의 측면에서 개선의 여지가 큰 거래나 교환이 단지 기업의 개별적인 경제적 이득으로 연결되지 않는다는 이유로 성사되지 않으면 이를 가능하게 하는 경제적 유인제도의 도입도 필요하다. 이와 같이 생태산업단지 그리고 기업 간 순환 네트워크를 활성화하기 위해서는 정부는 주도적인 '계획자(planner)'보다 법적 및 제도적 여건 구축을 통한 '촉진자(facilitator)'로서의 역할을 수행해야 할 것이다.

그리고 무엇보다 기업 간 물질순환 네트워크 구축에서 제일 중요한 것은 기업 스스로의 관심과 참여이다. 또 기업 간 거래네트워크가 장기간 안정적으로 유지되기 위해서는 기업 간의 상시적인 협의채널이 중요한데, 거래에 따른 경제적 이해문제에서부터 거래과정에서 발생하는 여러 가지 문제점을 공동으로 고민하고 해결하는 것이 기업 간 네트워크의 유지에 매우 중요하다. 우리나라의 경우 폐기물관리법의 제약이란 탓도 있지만, 폐기물 거래에 따른 기업정보 유출 등을 우려하여 기업 스스로가 폐기물이나 부산물 거래에 소극적인 측면도 있다. 또한 기업경영에서도 다른 기업과의 협력하는 열린 자세가 미흡하다. 이런 측면에서 볼 때 생태산업단지와 기업 간 순환 네트워크는 단순히 폐기물이나 부산물의 거래로 환경도 살리고 경제적 실리도 취한다는 차원을 넘어 다소 폐쇄적인 우리나라 기업의 경영 분위기를 기업 간 상생 전략으로 전환시키는 계기가 될 수도 있다.

이른바 디지털시대 컨버전스가 대세인 미래에는 독불장군식의 기업경영이 아니라 기업 간 협력과 상생이 매우 중요하다. 우리나라의 생태산업단지는 자연생태계로부터 생태계의 물질순환원리만 배울 것이 아니라 흔히 '그물망 공생'이라고 불리는 자연 내부의 협력과 공생원리, 공생경영전략까지 배울 필요가 있다.

〈환경일보〉, 2006.1.12.

07

나만의 웰빙과 우리 모두의 웰빙

: 소비자, 시민, '생태인'

이른바 '웰빙(well-being)'이 대유행이다. 건강식품에서부터 생활용품 나아가 주택에 이르기까지 웰빙이란 단어가 붙지 않으면 이상할 정도로 웰빙은 우리 생활의 화두가 되어 버렸다. 어떻게 하면 행복하고 건강한 삶을 살 수 있는 것일까? 경제학적으로 보면 웰빙은 소득이 많은 것을 말한다. 소득이 많아지면 물질적으로 풍요롭게 되고 편안한 삶을 누릴 수 있기 때문이다. 하지만 최근의 웰빙은 단순한 소득 타령만은 아닌 것 같다. 그런 차원의 웰빙이라면 1970년대의 '잘 살아 보세'라는 노래 가사와 별로 다를 게 없기 때문이다. 경제성장에 올인하는 우리 사회 분위기가 여전히 소득에 대한 사람들의 열망을 자극하고 있지만, 우리나라는 만 불, 2만 불의 시대를 넘어 새로운 삶의 가치관과 문화가 요구되는 상황으로 접어들고 있다.

물론 소득이 많은 것이 적은 것보다는 좋다. 하지만 소득만 높아진다고 무조건 행복한 삶이 되는 것은 아니다. 세계 최빈국 방글라데시는 선진국에 비해 일인당 국민소득이 50분의 1도 되지 않지만 삶의 만족도에서 세계 1위를 한 적이 있다. 물론 사망률, 문맹률 등 방글라데시의 속사정을 살펴보면, 그들의 만족이 진정한 행복인지 소극적 체념인지 미심쩍은 부분이 있지만.

눈을 돌려 선진국의 사례를 보더라도, 소득 수준과 삶의 만족도가 비례하지 않는다는 연구결과들이 많다. 미국의 한 대학의 연구에 따르면, 경제적으로 초일류국가인 미국과 일본의 행복지수는 각각 세계 15위와 42위였다. 멀리 갈 필요도 없이 현재 우리나라는 어떤가? 외환위기 이후 소득은 증가했지만, 이전보다 살기가 더 어렵고 괴롭다는 말이 자주 들린다. 우리나라의 경우도 소득이 증가한 만큼 삶이 행복해졌느냐는 물음에 대해 선뜻 그렇다고 대답하기 어렵다.

너무나 당연한 말이지만 사람은 빵만으로 사는 것이 아니다. 사람이 행복하고 만족스러운 삶을 살기 위해서는 '맛있는 빵'도 필요하지만 '따스한 나눔'도 필요하고 '깨끗한 물과 공기'도 필요하다. 심리학 분야의 연구결과에 따르면, 삶의 행복이나 만족도는 소득이나 소비수준보다 자신이 속한 가정이나 학교 그리고 직장 내에서의 정신적 유대감에 더 영향을 받는다고 한다. 또 의학 분야의 임상연구에 의하면, 같은 병이라도 숲이나 자연을 일상적으로 접하는 것이 그렇지 않은 경우보다 회복되는 시간이 훨씬 빠르다고 한다. 인간은 경제적으로는 '소비자'이지만 사회적으로는 특정 공동체의 '시민'이며 생태적으로는 자연 속에서 살아가는 '생태인'이다. 좋은 상품과 정신적 유대감 그리고 깨끗한 자연이 서로 어우러질 때 인간은 진짜 웰빙할 수 있는 것이다.

이런 측면에서 본다면 최근 우리나라에 휘몰아치고 있는 웰빙 바람은 문화적 변화의 계기라는 일부 긍정적 측면도 있지만, 여러 가지 우려되는 점들도 적지 않다. 우리 사회의 웰빙의 내용을 살펴보면, 고가의 건강식품에서부터 정수기와 공기정화기 나아가 고급 웰빙 아파트 등에 이르기까지 온갖 히트 상품들로 가득 채워져 있다. 기왕이면 좋은 게 좋다고 건강을 생각하는 제품과 소비문화가 나쁜 것은 아니다. 하지만 건강 관련 제품을 잘 산다고 삶까지 잘 산다고 할 수 없다. 현재의 웰빙 바람은 겉으로 행복한 삶을 내걸면서 내용상 돈으로 포장된 고소득층의 소비문화라는 성격이 강하고, 말로는 건전한 삶을 외치면서도 내용상 정신적 가치보다 물질적 가치에서 더 치우쳐 있다.

이러한 물질적 웰빙만으로는 사회 전체는 물론 참된 의미의 개인적 웰빙도 달성하기 어렵다. 자신이 속한 사회의 분위기가 흉흉해지고 각박해지는데 자신의 소비만 고급화한다고 웰빙이 될까? 물과 공기 그리고 땅이 오염되어 가는데 집 안에 정수기와 공기청정기를 들여 놓고 유기농식품을 먹는다고 웰빙이 될까? 더구나 이런 고급의 소비문화는 고가의 웰빙(well-being) 제품이 그림의 떡인 서민들에겐 일빙(ill-being)이라는 상대적 박탈감을 초래할 가능성마저 있다. 나아가 우리나라 물과 공기 오염이 정수기와 공기정화기로 해결될 리도 없다. 이제는 나만의 웰빙이 아니라 우리 모두가 웰빙할 수 있는 방식에 좀 더 관심을 가져야 하지 않을까?

이를 위해서는 개인적 소비의 고급화에만 관심을 가질 것이 아니라, 정신적 가치와 우리의 자연환경 개선에 좀 더 관심을 기울일 필요가 있다. 그동안 우리 사회가 경제적으로는 풍족해졌지만, 정신적 유대감과 나눔의 정신은 점점 희박해지고 있다. 나눔은커녕 오히려 갈수록 빵을 다투는 소리가 커지고 있다. 경제적으로 빵을 더 크게 만든다고 사회적 다툼이 적어지는 것이 결코 아니다. 진정한 나눔이란 열린 마음으로 행하는 이웃과 타인에 대한 따스한 배려이기 때문이다.

우리의 자연환경은 또 어떤가? 수도권의 대기오염은 OECD 국가 중에서 최악이다. 세계경제포럼에서 발표한 2005년도 환경지속성지수(ESI) 평가에서 우리나라는 세계 146개국 중 122위를 차지하였다. 우리 사회와 자연환경을 이런 상태로 방치한 채, 개인 소비의 고급화만 추구한다고 나의 웰빙 그리고 우리 모두를 포함한 진정한 웰빙이 될 수 있을까?

다행히도 최근 기존의 웰빙 흐름을 뛰어넘는 새로운 흐름이 나타나고 있다고 한다. 물질적 가치추구에 바빴던 삶에서 벗어나 정신적 여유와 느린 삶을 강조하는 다운시프트(downshift), 나만의 웰빙이 아니라 자연환경을 고려하여 친환경적인 삶을 추구하는 로하스(LOHAS : lifestyles of health and sustainability) 등이 바로 그것이다. 물질적 웰빙이 아닌 정신적 웰빙, 사적 웰빙이 아닌 환경을 고려한 환경적 웰빙은 이런 측면에서 무척 반가운 일이다. 그리고 우리 모두가 이러한 삶의 방식을 채택하도록 노력할 필요가 있다.

하지만 웰빙에서 다운시프트 그리고 로하스에 이르기까지 내용상 바람직한 변화에도 불구하고, 우리가 한 가지 유의해야 할 점이 있다. 개인들의 소비문화 혹은 라이프 스타일의 변화만 추상적으로 강조해서는 진정한 사회적 웰빙, 생태적 웰빙을 달성하는 데에 한계가 있다. 이는 개개인의 변화가 별 의미가 없다는 뜻이 아니라, 그러한 변화가 일어날 수 있는 여건조성이 문제라는 것이다. 사람이란 개인적으로 하고 싶지만, 마음대로 할 수 없는 상황에 처하는 경우가 많기 때문이다.

오염된 공기와 먹거리를 사회적으로 개선하지 않은 채, 아토피로 고생하는 아이들에게 개인적으로 알아서 웰빙하라고 할 수 없는 노릇이다. 학벌 지상주의에 오염된 입시 제도를 그대로 두고 우리 학생들에게 정신적 여유를 갖는 웰빙을 하라고 할 수 없는 노릇이다. 명절증후군이란 병명이 생겨날 정도의 가부장적 문화 속에서 우리 여성들에게 웰빙하라고 할 수는 없는 노릇이다. 상사의 눈치를 살피느라 무의미한 야근을 감수해야 하는 직장에게 개인적 시간을 활용한 웰빙을 하라고 할 수 없는 노릇이다. 아무런 소일거리 없는 노인들에게 시간적 여유가 많으니 웰빙하라고 할 수 없는 노릇이다.

웰빙은 라이프 스타일이라는 개인적 문제이기도 하지만 사회적 문제이기도 하다. 진정한 웰빙을 위해서 개인의 결단과 변화를 강조하는 것도 좋지만, 이를 가능하게 하는 사회적 여건과 시장경제를 만드는 일 역시 매우 중요하다. 진정한 웰빙을 위한 소비자, 기업, 정부, 시민단체의 역할이 중요한 이유가 바로 여기에 있다.

『푸른 연금술사』 9월호, 2005.

08

현대 과학기술과 화이트헤드의 경고
: '포스트-노말 사이언스'

세계적으로 혹은 국내적으로 환경문제는 그 대상과 피해가 불특정하고 광범위하다는 점에서 사회의 불안과 두려움을 유발하는 경우가 많다. 이 경우 사회여론이나 국민감정보다 해당 분야의 과학자나 전문가의 의견을 따르자는 주장이 자주 등장한다. 이런 주장에는 사회여론이나 국민감정은 문제를 추상적이고 감정적으로 대응할 가능성이 있지만, 과학자나 전문가는 구체적이고 이성적으로 접근한다는 전제가 숨어 있다. 당연히 일리가 있는 얘기고 올바른 접근법이기도 하다. 하지만 그렇다고 과학자나 전문가가 늘 구체적이고 이성적인 것은 아니다.

생태경제학의 철학적 토대인 유기체 철학을 정립했고 당대의 뛰어난 수학자였던 까닭에 20세기의 데카르트로 불리는 화이트헤드(A. Whitehead)라는 철학자가 있다. 그는 "현대 과학의 전문성은 곧 추상화를 의미한다"라는 역설적인 표현으로 현대 과학을 호되게 비판한 적이 있다. 이성과 과학에 대해 무한 신뢰를 보냈던 17세기 데카르트와는 정반대로 20세기 데카르트는 이성과 과학에 대해 무서운 경종을

울린 셈이다. 화이트헤드의 '전문화된 현대 과학의 추상성'이란 현대 과학과 전문가들이 매우 좁은 전문영역을 깊게 파고들면서 다른 영역과 분리되어 문제의 총체적인 성격을 제대로 인식하지 못하는 한계를 지적하는 말이다. 퍼즐 조각 하나 하나에 대해 구체적으로 잘 알지만 수백 개의 퍼즐로 구성되는 전체 그림에 대해서는 잘 모르면 퍼즐 조각에 대한 구체적 지식은 퍼즐 맞추기에 도움이 되지 않는 추상적인 것이 되고 만다. 즉 세부적인 전문 지식은 높아지나 그게 오히려 전체 문제해결에 도움이 되지 않는 '전문화의 역설'이 발생하는 것이다. 더구나 과학과 전문가의 영향력이 매우 비대해진 현대 사회에서 과학과 전문가가 자신의 좁은 영역의 지식을 '과학적 진리'인 양 과신하게 되면 심각한 부작용이 발생할 수도 있다.

항생제가 지구상에서 바이러스성 질병을 퇴치할 것이라고 확신한 것은 의학자들이었다. 농약으로 해충을 박멸할 수 있다고 주장한 것은 농학자들이었다. 프레온가스를 인류가 개발한 물질 중에서 가장 안정적인 기체라고 주장했던 것은 화학자들이었다. 초기에 기후변화가 지구의 자연스러운 기온변화에 불과하다고 주장한 것은 기상물리학자들이었다. 자연과학만이 아니다. 금융자유화가 가장 효율적인 금융시장을 만든다고 주장한 것은 경제학자들이었다. 하지만 항생제가 슈퍼 박테리아, DDT 농약이 조류의 멸종, 프레온가스가 오존층 파괴, 온실가스가 기후변화, 금융자유화가 세계 경제 위기를 유발하지 않았던가?

이쯤 되면 '그럼 과학과 전문가를 믿지 말자는 것이냐?' '과학과 전문성의 가치와 권위를 지나치게 폄하하는 것 아니냐?'라는 반론이 제기될 만하다. 물론 그건 아니다. 오히려 불확실성이 높고 아주 복잡한 환경문제일수록 과학이나 전문가의 지식이나 식견은 더 필요하다. 다만 이 경우 중요한 것은 과학이나 전문가가 어떤 자세와 책임을 견지할 것인가라는 점이다. 일반 대중이 이해하기 어려운 전문적이고 복잡한 영역일수록 과학이나 전문가는 자신의 좁은 지식을 '과학과 전문성'이라는 이름으로 과대 포장할 가능성이 높다. 화이트헤드는 '과학과 전문성에 대한 불신'을 나타낸 것이 아니라 바로 이러한 '과학과 전문성의 독단'에 대해 경고한 것이다. 실제로 현대 사회가 치른 많은 대형사고는 과학적 전문적 지식이 없어서가 아니라 과학적 전문적 지식을 과신해서 발생한 경우가 적지 않다.

최근 우리 사회는 원전과 지진 문제, 미세먼지 문제, 공기살균제 문제 등 국민들의 불안과 두려움을 유발하는 문제들을 많이 겪고 있다. 여기에도 어김없이 과학과 전문가들이 등장한다. 과학과 전문가는 겸손하게 전문지식의 역할과 한계를 얘기하고 이에 대한 국민의 이해과 동의를 구할 필요가 있다. 일반 국민들도 이러한 과학과 전문가의 지식과 그 한계에 대해 공감하는 자세가 필요하다. 그런 분위기가 형성되면 두렵고 불안한 환경문제에 대한 해결의 실마리를 찾을 가능성이 높다. 불확실성이 높고 이해당사자가 광범위하며 의견이 극단적으로 갈리는 환경문제 해결에서 생태경제학이 강조하는 과학의 올바른 역할 즉 '포스트-노멀 사이언스(post-normal science)'가 바로 그것이다. 과학과 전문가가 자신의 전문성과 지적 권위만 내세우면 사회 내의 불신과 반목은 심해지고 문제해결은 요원해지기 때문이다. 과학과 전문성을 무조건 불신하는 '분서갱유(焚書坑儒)'의 사회도 문제지만, 사회의 불안과 두려움을 근거 없는 잡음으로 치부하는 '마이동풍(馬耳東風)'의 과학도 문제해결에 별 도움이 되지 않는다. 21세기 선진사회를 지향하는 우리 대한민국은 지금 어디쯤 있는 것일까?

〈전기신문〉, 2017.10.20.

제2부

한국 경제의 '생태적 뉴딜전략'
: 밑그림 보기

미리 보기

제2부는 자원흐름의 생태적 전환이란 관점에서 한국 경제는 물론 전 세계의 경제위기를 극복하기 위한 21세기형 뉴딜전략으로서 '생태적 뉴딜(Ecological New Deal)'과 그 핵심과제로서 '온실가스 감축'에 관한 글을 모은 것이다.

이미 알려진 바와 같이 20세기의 전통적 뉴딜은 경제위기를 타개하기 위해 유효수요의 증대, 즉 복지제도 도입과 일부 토목사업을 통해 성장과 분배간의 조화를 꾀한 것이라고 할 수 있다. 하지만 21세기 초입에 발생한 경제위기는 환경위기와 중첩되어 있기 때문에 전통적 뉴딜처럼 단순히 유효수요를 증가시키는 것은 경제활동의 에너지와 물질사용 즉 '자원흐름의 증대'를 통해 환경위기를 심화시킬 수 있다. 따라서 21세기형 뉴딜은 전통적 뉴딜과 달리 성장 및 분배 그리고 환경간의 조화를 추구하기 위한 '자원흐름의 혁신' 즉 '자원흐름의 생태적 전환'을 추구하고, 그 과정에서 발생하는 저소득층의 부담은 에너지복지제도 등으로 경감하는 새로운 뉴딜이 되어야 한다.

이는 이론적으로 '케인즈 경제학과 유효수요 모형'에 입각한 위기처방이 소득증대의 중장기효과는 물론 현재와 같은 중첩의 위기상황에 부합하지 않으며, 새로운 관점 즉 '생태경제학과 자원흐름 모형'에 입각한 새로운 처방, 즉 '생태적 뉴딜'이 필요하다는 것을 의미한다. 또한 정책상으로 이는 단순히 녹색 분야에 재정 투자를 확대하는 것이 아니라 '뉴딜'이라는 말 그대로 새로운 제도의 도입과 이에 따른 사회적 합의를 의미한다.

생태적 뉴딜을 대표하는 새로운 제도로는 탄소세(환경세) 혹은 배출권거래제도와 에너지복지제도 등을 들 수 있다. 이들은 환경부담이 큰 에너지와 물질의 가격상승을 통해 친환경적 에너지와 물질로의 전환을 촉발하고, 그 과정에서 확보한 세수로 저소득층의 복지와 기술혁신을 지원함으로써 이른바 환경, 분배 그리고 성장간의 조화를 꾀할 수 있다.

이러한 제도 도입을 통해 구현하고자 하는 자원흐름의 생태적 전환은 크게 2가지 즉 '감량화(dematerialization)'와 '탈독성화(detoxification)'이다. 환경에 부담을 주는 에너지와 물질을 그대로 사용하되 가능한 적게 사용하면서 재화나 서비스의 양과 질을 높이는 것이 '감량화'(=자원생산성의 향상)라면, '탈독성화'(=기존자원 자체의 대체)는 기존의 에너지와 물질 자체를 환경에 부담이 없는 것으로 대체하는 것을 말한다. 예를 들어 석탄과 석유와 같은 화석연료를 사용하되 에너지효율을 높이는 것이 전자라면, 이를 재생에너지로 대체하는 것은 후자에 해당된다. 논리적으로 보면 후자의 탈독성화가 근본적인 해결책이지만 환경에 부담을 준다고 해서 기존의 에너지와 물질을 하루 아침에 사용하지 않거나 다른 것으로 대체할 수 없기 때문에 중단기적으로는 전자의 감량화가 환경부담을 줄이는 현실적이고 유효한 방안이라고 할 수 있다.

제2부의 전반부(1~4)는 이러한 문제의식하에 2000년대 한국 경제의 위기대응 전략으로 제안한 생태적 뉴딜의 개념을 간략히 소개하

고, 이에 부응하는 정책의 밑그림을 제시한 글과 이후 2010년대 초반 이명박 정부에서 추진하였던 저탄소 녹색성장과 녹색 뉴딜에 대한 글로 구성되어 있다. 당시에 '한국형 녹색 뉴딜(=4대강 사업)'과 비판적 대안으로 제시한 '분배개선의 뉴딜(=복지제도 확대)'이 첨예하게 대립했지만 '생태적 뉴딜'의 관점에서 본다면 양자는 모두 전통적 뉴딜에서 벗어나지 못한 것이라고 할 수 있다. 이는 양자 모두 생태경제학의 핵심 키워드이자 경제활동에 필수적인 '자원흐름'이란 개념을 결여하고 있기 때문이다. 또한 서로의 정책 내용과 중점은 다르나 양자 모두 국가주도적 성격이 강하고, 관련 시장과 산업 그리고 기술혁신에 대한 관점이 부족하다는 점도 동일하다. 이는 최근에 논의되고 있는 그린 뉴딜에서도 마찬가지다. 자원흐름의 생태적 전환에서 중요한 것은 시장과 산업 및 기술혁신이며, 정부는 제도 개혁을 통해 이를 유도하고 촉진하는 역할이다.

한편, 농업의 생태적 전환에 대한 글도 포함되어 있는데, 이는 세계 경제는 물론 한국 경제의 생태적 전환에서 농업이 매우 중요한 위치를 차지하기 때문이다. 자연생태계가 주로 대기, 물, 토양생태계로 구성된다는 점을 감안해 볼 때 대기에 가장 영향을 주는 것이 에너지(온실가스, 미세먼지)라면 물과 토양에 가장 영향을 주는 것이 농업이기 때문이다. 일반적으로 '국민경제'의 GDP나 고용 측면에서 농업부문의 양적 비중은 매우 작지만, '생태경제'의 자원흐름 혁신상 농업부문의 질적 비중은 매우 크다.

후반부(5~7)의 글은 생태적 뉴딜에서 중요한 온실가스 감축문제를 다룬 것으로 이를 달성하기 위한 제도 개혁으로서 탄소세나 배출권거래제의 한국 상황에 대해서는 제3부에서 다루고 여기서는 온실가스 감축계획 자체에 대한 글만 모은 것이다. 진보 혹은 환경진영에서는 일관되게 우리나라 감축계획의 소극성을 비판하고 있지만, 여기의 글들은 그것과 결을 달리하는 우려를 담은 것이다. 생태경제와 자원흐름의 생태적 전환 그리고 생태적 뉴딜을 강조하는 생태경제학을 내세우면서 우리나라 감축계획에 우려를 표시한 것이 이상하게 보일 수 있어서 미리 그 이유를 간략히 설명한다.

우선, 감축목표 설정에 우려를 나타낸 것은 보수정부 시절에 이루어진 감축목표의 산출과정에 심각한 문제가 있었고, 이후 수립된 감축계획에도 그 후유증이 남아 있기 때문이다. 또한 감축목표 설정에서 목표수치의 고저도 중요하지만 그보다는 어떻게 감축할 것인가라는 감축수단, 즉 '정치(政治)적 수치논쟁'보다 '정치(精緻)한 수단논쟁'이 더 중요하다. 물론 전술한 바와 같이 생태적 뉴딜을 위해 과감한 감축목표를 설정하고 탄소세나 배출권거래제와 같은 새로운 제도를 도입하는 것은 필요하다. 하지만 어떤 목표와 정책을 추진할 때 그것이 우리 현실에서 제대로 작용할 수 있는지를 살펴야 한다. 제3부의 글에서 알 수 있듯이 감축목표 설정은 물론 달성수단인 탄소세와 배출권거래제에 대해 추상적인 정치 논쟁만 있었을 뿐 우리의 현실을 감안한 구체적이고 세밀한 고민은 부족했다고 생각한다. 또한 높은 감축목표를 주장하면 지구환경과 미래세대를 생각하는 책임적인 자세고, 그렇지 않으면 지구환경과 미래세대를 생각하지 않는 무책임한 자세라는 이분법도 문제다. 비현실적이고 무리한 목표는 실행과정상 부작용을 유발하여 오히려 정반대의 효과를 유발할 수 있기 때문이다.

레닌이 러시아 혁명과정에서 인용하여 유명해진 괴테의 문장, '이론은 회색이고, 영원한 것은 저 푸른 생명의 나무'라는 말은 우리나라 온실가스 감축문제에서도 곱씹어볼 필요가 있다. 귤이 회수를 건너면 탱자가 되듯이 해당 이론과 제도가 우리의 현실에서 제대로 작동할 것인가는 또 다른 문제다. 더구나 생태경제와 자원흐름의 생태적 전환 그리고 생태적 뉴딜은 경제성, 형평성, 환경성의 조화이지 환경성의 독주는 아니다. 더구나 '혁신'은 '혁명'보다 더 어려운 일이다.

01

한국 경제의 '생태적 뉴딜'을 위한 문제제기

외환위기 이후 한국 경제가 경기침체와 실업문제 등 여러 가지 문제에 직면하고 있다. 이러한 문제는 단순히 경기순환의 일시적인 현상이라기보다 한국 경제가 안고 있는 구조적인 문제라고 할 수 있다. 예컨대 세계화 흐름 속에서 수출대기업들은 성장일로에 있는 반면 한국 경제 전체는 대기업과 중소기업, 수출산업과 전통산업, 정규직과 비정규직(혹은 실업자) 간의 양극화 속에서 부진을 면치 못하고 있다는 것은 그 단적인 증거이다.

따라서 과거와 같이 수출에 기초한 성장방식만으로는 한국 경제가 당면한 구조적 문제를 해결할 수 없다. 현재 세계경제는 지식정보화로 대변되는 새로운 산업패턴과 발전방식을 요구하고 있으며, 세계화에 의한 경쟁격화는 한국 경제에 양적 성장을 넘어 질적 도약을 요구하고 있다. 더구나 지구온난화와 환경문제의 부상 그리고 세계적인 자원수급 구조의 악화 등은 에너지 등 자원다소비형 구조를 지닌 한국 경제에 적신호를 보내고 있으며 세계경제의 흐름 역시 단순한 양적 성장을 넘어 환경과 삶의 질을 제고하는 질적 발전을 지향하고 있다.

이런 상황에서 한국 경제는 환경파괴적인 양적 성장이 아닌 환경보호와 사회적 발전을 같이 추구하는 질적인 성장, 즉 '지속가능한 발전'을 도모할 필요가 있다. 이 글은 이러한 관점하에 지속가능한 발전의 의미, 그것이 위기의 한국 경제에 주는 시사점을 정리하고자 한다. 아울러 한국 경제의 전통적인 경기활성화 수단인 수출촉진이나 건설경기 위주의 뉴딜정책이 현재 상황에서 제한적인 의미밖에 없다는 점에서 새로운 전략으로서 '생태적 뉴딜전략'을 제안하고, 이에 필요한 과제와 수단 그리고 몇 가지 맹아들을 문제제기의 수준에서 검토하고자 한다.

▌지속가능한 발전: 환경성, 형평성 그리고 경제성

인간의 경제활동에서 '에너지와 물질,' 즉 자원은 필수적이다. 에너지와 물질 흐름이란 측면에서 본다면 경제활동이란 자연환경에서 자원을 채굴하여 상품이나 서비스를 생산 · 분배 · 소비하고, 그 과정에서 발생한 오염폐기물을 자연환경에 다시 방출하는 과정이다. 이러한 경제활동은 다음과 같이 서로 구별되는 세 가지 차원을 지닌다. 첫째, 경제활동이 효율적으로 최소의 비용하에 최대의 효과를 거두고 있는가라는 경제성의 차원이다. 둘째, 경제활동의 결과가 사회 각 계층의 소득분배에 어떤 영향을 주는가라는 형평성의 차원이다. 셋째, 경제활동이 자연환경에 어떤 영향을 미치는가 하는 환경성의 차원이다.

그동안 전통적인 경제학이나 사회과학에서는 첫 번째의 경제성 문제와 두 번째의 형평성 문제에 치중하는 경향이 있었다. 하지만 최근 인간의 경제활동이 자연환경에 미치는 영향이 커지고, 이로 인해 지역수준은 물론 지구생태계 전체의 위기신호가 발생함에 따라 경제활동이 자연환경에 미치는 환경성 문제가 부각되고 있다. 지속가능한 발전이란 개념이 역시 경제활동의 환경성을 중시하는 차원에서 비롯된 것이다.

지속가능한 발전이 경제활동의 환경성을 중시한다고 해서 경제성이나 형평성을 배제하는 것은 아니다. 경제적 관점에서 볼 때 경제활동이 아주 비효율적으로 이루어지는 사회는 활력을 상실하여 지속가능한 사회가 되기 어렵다. 형평성의 차원에서 볼 때 경제활동의 성과를 특정 계층이 독식하게 되면 사회 내의 불평등과 불안정이 심화되어 지속가능한 사회가 될 수 없다. 이처럼 지속가능한 발전이란 경제활동의 환경성을 토대로 하면서도 경제성과 형평성을 아우르는 개념이다. 하지만 경제활동의 경제성과 형평성이 보장된다고 하더라도 경제활동 자체가 자연환경을 교란시키거나 파괴하면 그 안에서 이루어지는 경제활동 자체도 유지될 수 없다는 점에서 경제활동의 환경성은 지속가능한 발전에서 가장 중요한 토대이다.

경제활동의 환경성과 관련하여 가장 주목해야 하는 것은 경제활동이 야기하는 '에너지와 물질의 흐름' 즉 '자원 흐름'이다. 경제활동에 사용되는 에너지와 물질을 채굴, 생산, 소비, 폐기하는 매 단계에서 환경파괴와 환경오염이 발생하는데, 경제활동에서 어떤 성질의 에너지와 물질을 얼마만큼 사용하며, 이 과정에서 어떤 기술을 이용하여 어떤 제품을 생산·소비하는가는 자연환경에 큰 영향을 미친다. 따라서 경제활동의 환경성을 제고하기 위해서는 경제활동이 사용하는 자원, 즉 에너지와 물질의 특성과 규모가 자연생태계의 순환과정을 교란해서는 곤란하다.

자연생태계는 재생가능한 태양에너지에 기초하여 모든 물질을 순환시키는 물질순환형인 반면, 현대의 경제활동은 환경파괴적이고 재생불가능한 화석연료 에너지에 기초하여 물질을 한번 사용하고 버리는 일방통행형이다. 인간 경제활동이 환경에 유해한 자원을 대규모로 사용할수록 경제활동에 의한 자연생태계의 교란 가능성은 높아진다.

이를 방지하기 위해서는 경제활동 역시 장기적으로 자연생태계와 같이 재생가능한 에너지에 기초한 물질순환형으로 전환할 필요가 있다. 이를 위해서는 자연생태계로부터 경제활동에 투입되는 자원의 양적 규모를 줄이는 '감량화(dematerialization)'와 유해한 독성의 자원을 사용하지 않는 '탈독성화(detoxification)'가 중요하다. 즉 지금보다 적은 양의 자원으로 보다 많은 경제적 성과를 거두고(=감량화), 환경에 유해한 독성을 지닌 자원을 축소하고 환경친화적인 자원으로 전환하는 것(=탈독성화)이 바로 경제활동의 환경성을 제고하는 요체이다.

하지만 지속가능한 발전이 지향하는 것처럼 경제활동의 환경성을 제고하면서 경제성이나 형평성을 조화시킨다는 것이 쉽지는 않다. 오히려 세 가지 차원은 조화는커녕 현실 속에서 서로 상충하는 경우가 일반적이다. 예컨대 환경적인 측면에서 바람직한 에너지의 보급이나 폐기물의 재활용은 경제성이 없거나 산업적 이해관계와 맞지 않는다는 이유로 외면당한다. 환경에 부담을 주는 생산활동이나 개발행위가 고용 유지나 창출이라는 명목으로 지속되는 경우가 많다. 이렇게 환경성이 형평성과 경제성과 현실에서 서로 충돌하는 주된 이유는 현대 경제활동이 환경성이나 형평성을 제대로 고려하지 않고 경제성 역시 협소하고 단기적인 경제성만 중시하기 때문이다.

하지만 이러한 상황 속에서 최근 새로운 움직임이 나타나고 있다. 우선, 기후변화협약 등과 같이 경제활동의 환경성을 중시하여 화석연료의 사용을 제한하려는 노력이 선진국들을 중심으로 진행되고 있다. 또한, 경제활동이나 제품의 환경성을 중시하고 이를 무역과 연계시키려는 움직임도 나타나고 있다. 한편 세계화와 시장경쟁의 격화로 인한 사회적 불평등의 심화, 고용 불안정 그리고 실업문제에 대한 우려가 심화되고 있다. 이러한 상황 속에서 석유 등 화석연료의 가격급등으로 화석연료의 절약과 에너지 효율제고에 대한 관심이 높아지고 있다. 뿐만 아니라 그동안 경제성이 없다는 이유로 외면당하였던 재생가능한 에너지나 물질의 재활용에 대한 관심도 제고되고 있다. 특히 재생가능한 에너지나 물질 재활용과 같은 환경친화적 산업은 고용 창출 효과가 크다는 점에서 실업 해소 등의 측면에서도 긍정적이다. 이는 자원다소비형 경제구조를 지니면서 고용 위기와 경제 위기에 직면하고 있는 한국 경제에 매우 시사적이다.

한국 경제의 현 주소: 경제 위기, 고용 위기 그리고 환경 위기

외환위기 이후 한국 경제는 여러 가지 구조적인 문제에 직면하고 있다. 한국 경제의 침체는 단순히 경기순환의 과도기적 현상이라기보다 세계화의 흐름 속에서 수출대기업 중심의 성장전략이 초래한 구조적인 현상이다. IT나 자동차 등 수출 중심의 대기업은 세계화의 흐름에 기초한 글로벌화 전략으로 소기의 성과를 거두고 있지만, 이로 인해 대기업의 국내 고용창출 효과, 대기업과 중소기업 간의 연관관계는 약화되고 있다. 여기에 노동시장의 유연성으로 인한 고용불안정이 결합되어 이른바 기업의 양극화(대기업과 중소기업), 산업의 양극화(수출산업과 전통산업), 고용의 양극화(정규직과 비정규직 혹은 실업자) 현상이 나타나고 있다. 설상가상으로 최근 에너지 등 자원가격의 급등은 자원다소비형 산업구조를 지닌 한국 경제에 추가적인 부담으로 작용하고 있다.

이와 같은 상황에서 한국 경제의 위기극복을 위한 다양한 정책들이 제안될 수 있다. 흔히 제시되는 수출의 활성화나 전통산업의 부흥 혹은 건설경기촉진(전통적인 뉴딜정책) 등이 바로 그것이다. 하지만 이러한 전통적 접근만으로는 한국 경제의 당면 현안을 해결하기에 충분하지 않다. 우선, 한국 경제의 견인차로서 수출 활성화가 매우 중요하기는 하지만 전술한 바와 같이 대기업의 글로벌화 전략으로 인해 수출대기업의 성장이 국내 중소기업의 성장이나 국내 고용창출을 유발하는 효과가 점점 약해지고 있다. 더구나 대기업의 원천기술의 부족과 부품소재산업의 낙후로 인해 수출산업 자체의 장기적인 경쟁력도 낙관할 수 없는 상황이다. 이에 더하여 최근 유럽지역을 중심으로 급속히 확산되고 있는 무역과 환경 간의 연계 움직임도 심상치가 않다. WEEE, RoHS, ELV, IPP 등에서 알 수 있는 바와 같이 EU는 전자제품이나 자동차 등 제품의 소비과정은 물론 제조 및 폐기과정에 이르기까지 전 과정(life-cycle)에 걸친 환경성을 강조하고 있다. 무역과 환경 간의 연계 움직임은 한국 경제의 입장에서 또 다른 애로요인으로 작용할 가능성이 많다.

한편, 전통산업의 활성화 역시 여러 가지 한계를 안고 있다. 한국 경제의 전통산업 중 에너지 다소비산업이 많아 환경오염은 물론 경제적인 측면에서도 부담으로 작용한다. 특히 산업계 전체 에너지의 70% 내외를 사용하면서도 부가가치의 30%를 창출하는 철강, 시멘트, 석유화학 등은 낮은 생산성과 BRICs의 추격 등을 감안할 때 장기적 전망이 그리 밝지 않다. 아울러 이들 자원다소비산업은 자원가격급등이나 기후변화협약과 같은 해외요인에 대한 한국 경제의 취약성을 증폭시킨다. 특히 최근 에너지 등 자원가격의 급등은 일시적인 현상이 아니라 BRICs의 등장으로 인한 세계 자원수급상 구조적인 변화라는 점에서 이들 자원다소비형 산업의 존재는 경제활성화보다 한국 경제의 잠재적인 부담으로 작용할 가능성이 많다.

한편 전통적인 뉴딜정책의 전형인 건설경기와 개발사업의 활성화는 환경의 측면에서 바람직하지 않다. '토목국가'라는 오명이 나올 만큼 한국 경제는 경기부양과 관련하여 건설토목업에 대한 의존이 심하다. 이로 인한 환경파괴와 사회적 갈등은 차치하고, 건설경기는 일시적인 처방일 뿐 한국 경제의 고용문제를 구조적으로 해결할 수 없다. 더구나 이들은 개발 이익의 폭리와 부동산 가격의 상승으로 한국 경제의 잠재력을 잠식하는 부정적인 영향을 초래할 가능성도 있다.

이상에서와 같이 현재와 같은 성장전략과 처방이 지속될 경우, 수출 중심의 대기업은 성장하겠지만 한국 경제 자체는 경기 침체와 고용 위기 그리고 환경 위기 간의 악순환 구조로 빠져들 가능성이 많다. 따라서 이러한 악순환구조를 탈피하여 경제 활성화와 고용창출 그리고 환경보호 간의 선순환 구조를 형성하기 위한 새로운 발전 전략을 추구할 필요가 있다. 자원다소비형 경제구조의 변화와 산업의 환경성 강화를 통해 환경을 보호하면서 산업경쟁력도 제고하고 고용도 창출하는 일석삼조의 전략, 즉 한국 경제의 감량화와 탈독성화를 추구하는 '생태적 뉴딜전략'이다.

▮ 에너지소비의 혁신과 전환

첫째, 에너지 문제와 관련하여 한국 경제에 가장 중요한 것은 에너지 효율제고와 수요관리에 기초한 화석연료소비의 감축이다. 97%의 에너지를 수입하는 한국의 입장에서 에너지 수요관리는 에너지안보와 환경보호를 위한 최선의 방안이다. 그뿐만 아니라 기후변화협약과 포스트 교토체제의 불확실성이 존재하기는 하나 이산화탄소 감축부담의 압력을 받고 있는 한국 경제로서는 어떤 형태로든 화석연료의 수요관리 대책이 필요하다. 향후 에너지가격의 상승추세를 감안한다면, 에너지효율 제고는 산업 경쟁력의 측면에서도 매우 중요하다.

국민경제와 관련하여 에너지 수요관리가 특히 필요한 부문은 수요가 지속적으로 증가할 것으로 예상되는 전력 부문과 수송 부문이다. 전력 부문의 경우 고효율전동기 등 에너지효율이 높은 기기의 보급을 가속화시킬 수 있는 기술규제와 지원제도가 필수적이다. 아울러 산업용과 주택용 간의 전력요금의 교차보조 해소를 통해 산업계의 수요관리를 촉진하고 대기전력 절약을 통해 에너지절약을 유도해야 한다. 경직적인 부하관리제도를 축소하고 효율제고 중심으로 수요관리의 급속한 전환이 필요하다. 수송 부문의 경우 수송효율이 떨어지는 화물차에 대한 지나친 의존을 축소하고, 도로, 철도, 항만 등 서로 다른 수송방식 간의 유기적인 연계를 통한 물류시스템의 효율화가 필요하다. 도시의 경우 도로확충에 기초한 자가용 중심에서 벗어나 지하철과 BRT 그리고 자전거 간의 효율적인 연계시스템 구축을 통해 대중교통을 활성화시킬 필요가 있다.

산업의 측면에서는 에너지다소비산업에 대한 대책이 필요하다. 하지만 이들 산업의 고용효과나 산업연관효과를 감안할 때 단기간에 이들 산업을 축소할 수는 없을 것이다. 장기적으로는 구조조정을 지향하면서도 당분간은 이들 산업의 에너지 효율을 제고하고 고부가가치화에 노력할 필요가 있다. 아울러 에너지에 대한 세제조정과 가격조정을 통해 이들 산업의 구조조정이나 에너지 효율제고를 촉진하는 방안을 병행할 필요가 있다.

한편, 국민경제 수준이든 특정산업 수준이든 에너지의 효율향상과 수요관리가 효과적으로 이루어지기 위해서는 그 전제조건으로서 에너지가격체제의 조정 및 이를 위한 세제개혁이 필요하다. 현재 에너지 가격은 여러 가지 목적세와 특소세 그리고 보조금 및 에너지원 간 교차보조가 뒤얽혀 있어 난맥상을 형성하고 있어 에너지 효율이나 수요관리를 촉진하는 가격신호로서 역할을 하지 못하고 있고 세제에 환경성이 제대로 반영되어 있지 않다.

예컨대 수송용에 부과되는 목적세(교통세)는 재정운용의 경직성을 초래할 뿐만 아니라 대부분의 세수가 도로건설(교특회계)에 투입되어 자동차 이용을 촉진할 뿐 자동차가 유발하는 환경악화 개선이나 친환경적 에너지 개발 등에는 거의 투입되지 않고 있다. 한편 난방용,

산업용 그리고 발전용 연료의 세제 역시 환경성을 전혀 반영하지 않은 채, 사회적 여론이나 세수 확보의 차원에서 정해진 것이 많아 환경성에 역행하거나 저소득층에 불리한 측면이 있다.

따라서 에너지세제의 부과 기준을 환경적 기준과 형평성 기준으로 단순화시키고, 여러 가지 목적세와 특소세 등은 이러한 기준에 따라 환경세적 성격으로 단계적으로 전환할 필요가 있다. 올바른 세제 부과기준에 따른 에너지 가격이 전제되어야 에너지의 절약과 효율 제고가 가능하고 장기적으로 친환경적 에너지로 전환하기 위한 시장 신호로서 역할이 가능하다.

둘째, 에너지의 친환경성 제고를 통한 지속가능한 에너지체제로의 전환이다. 최근 석유 등 화석연료 가격의 급등으로 재생가능한 에너지에 대한 관심이 제고되고 있고, 정부 역시 전체 에너지의 5%(전력 7%)를 신・재생에너지로 충당한다는 목표를 세우고 있다. 하지만 이를 달성하기 위한 재원조달이 불투명하고 국내 기술진전과 산업화의 플랜 역시 불투명하다.

이를 위해서는 전술한 바와 같이 세제개편을 통해 에너지 관련 세제를 환경세 형태로 전환하여 재원을 확보하거나 반환경적인 각종 보조금을 축소하여 재생가능한 에너지를 위한 재원으로 활용할 필요가 있다. 재생가능한 에너지에 대한 과감한 초기 시장창출을 통해 기술혁신과 국내산업화 그리고 시장형성 간의 선순환을 구축하면 장기적으로 에너지의 환경성 제고는 물론 고용창출 효과도 유발할 수 있을 것이다.

다만 과감한 시장창출이 이루어진다고 하더라도 현재 상황에서 재생가능한 에너지의 시장진입에는 다소 시간이 소요된다는 점을 감안하여, 과도기적으로 경제성과 환경성을 겸비한 천연가스를 효율적으로 활용하는 방안을 적극적으로 검토할 필요가 있다.

▌물질순환형 산업의 활성화

에너지만이 아니라 한국은 원자재 등 광물자원의 빈국이기도 하다. 투기적인 요소가 개입되기는 했으나 최근 철강, 구리 등 원자재 가격파동이 시사하듯이 향후 원자재의 수급이 과거와 달리 전개될 가능성이 많다. 이런 측면에서 이른바 물질순환형 경제활동 즉 3R(Reduce, Reuse, Recycle)은 매우 중요하다. 특히 대부분의 원자재를 해외에 의존하는 한국 경제의 입장에서 볼 때 자원순환은 폐기물 감축을 통한 환경보호는 물론 국민경제적인 차원에서도 매우 유용하다. 원자재 수입은 우리의 외화를 지불하면서 외국의 고용을 창출하지만, 재활용산업은 우리의 외화를 절감하면서 국내의 고용을 창출해 주기 때문이다. 이런 의미에서 재활용산업은 환경, 고용 그리고 경제에 모두 이득이 되는 고용유발형 지역토착산업인 셈이다.

이렇게 국민경제 전체의 입장에서 폐기물의 축소에 따른 환경보호 효과나 고용창출 효과 등을 감안하면 자원재활용의 장점이 부각되지만, 개별 기업이나 산업의 입장에서는 폐기물의 재활용보다 새로운 원자재 구입이 더 유리한 것으로 되어 있다. 따라서 자금이나 보조금 지원을 통해 재활용을 유인하고, 재활용 산업자체의 효율성 제고를 위해 소규모의 영세한 재활용산업이 대규모의 효율적인 산업으로 성장하도록 재활용 자체를 시장산업화할 필요가 있다. 예컨대 캔 종류와 폐지 그리고 고철 등은 그 자체로 수익성이 보장되어 재활용이 비교적 활발하게 이루어지지만 수집, 분류, 처리과정에서 비효율적인 측면이 많아 효율성을 제고할 필요가 있다. 한편 수익성이 보장되지 않는 품목이나 재활용이 미진한 품목(플라스틱 제품)은 정부지원에 기초한 대대적인 활성화가 필요하다. 아울러 성토나 매립재로만 활용되고 재생골재 등 부가가치가 높은 부문으로 재활용은 미진한 건축폐기물에 대한 대책도 절실하다.

한편, 물질순환의 관점에서 EPR제도는 주목할 만하다. EPR제도는 제품폐기물의 수거와 그 처리까지 생산자인 기업의 책임으로 함으로써 효율적인 폐기물 수거는 물론 재활용 나아가 제품의 친환경적 설계까지 촉진한다는 점에서 매우 효과적인 제도이다. 하지만 한국의 경우 실제 운용상 경직성이나 여건미비로 인한 문제점이 드러나고 있는데, 이를 보완하기 위해 제품의 특성이나 경기상황을 고려하여 EPR제도를 제품별로 세분화시켜 탄력적으로 운용할 필요가 있다.

폐기물의 재활용과 관련하여 또 하나 주목할 만한 것이 최근에 시범적으로 도입된 생태산업단지이다. 생태산업단지는 생태계의 순환원리를 활용하여 기업체 간 폐기물의 교환을 통해 폐기물을 축소한다는 점에서 주목할 만하다. 다만 생태산업단지의 활성화를 위해서는 외국의 사례에 비추어 볼 때 정부나 외부전문가들이 주도하기보다 기업들의 자율적인 이해관계에 기초한 네트워크의 형성에 주력할 필요가 있다. 특히 우리나라의 폐기물 규제(폐기물관리법 등)는 경직적이고 사후규제적인 성격이 강해, 산업단지 내에서는 물론 인접지역의 기업 간 폐기물 교환 및 유통도 어렵다. 폐기물의 자율적인 처리와 교환에 따른 부작용을 막는 장치(예컨대 IT기술을 이용한 추적 혹은 모니터

링 시스템)를 구축하면서 장기적으로 폐기물관리법 등의 법과 제도를 유연하게 변화시켜 기업의 폐기물 처리와 교환에 자율성과 융통성을 부여하는 방안을 고려할 필요가 있다. 한편 폐기물관리법의 제약이란 탓도 있지만, 폐기물 거래에 따른 기업정보 유출 등을 우려하여 기업 스스로가 폐기물이나 부산물 거래에 소극적인 측면도 있기 때문에 기업자체의 노력도 매우 중요하다.

그동안 물질순환의 관점에서 흔히 제기되는 3R에 더하여 최근 논의되고 있는 재제조(Remanufacture)에도 관심을 기울일 필요가 있다. 재활용(Recycle)이 대상폐기물의 원형을 파괴하여 자원형태로 재활용하는 것에 비해 재제조는 폐기물의 원형을 그대로 유지한 채 수선과 보수를 통해 다시 사용하는 것으로 단순 재사용(Reuse)과 재활용(Recycle)의 중간단계에 해당한다고 볼 수 있다. 흔히 토너 카트리지나 자동차 중고부품(즉 재생부품)에 많이 활용되는 재제조는 산업의 특성에 따라 다르기는 하나 신규생산이나 재활용에 비해서 에너지와 물질 사용량이 획기적으로 감소되어 아주 친환경적이다. 자동차 부품의 경우 신규생산에 비해 1/10 정도의 에너지와 물질밖에 들지 않는다. 그럼에도 우리나라 자동차 부품의 재제조 산업은 외국에 비해 매우 낙후되어 있다. 이는 중고부품업체의 영세성과 신뢰성 문제 그리고 대기업의 부품시장 장악으로 인해 시장이 제대로 형성되지 못하고 있기 때문이다. 이와 관련하여 재제조에 대한 정부지원과 인증제도 등의 제도적 장치를 구축할 필요가 있다.

끝으로 우리나라의 수출경쟁력 및 국내 고용창출과 관련하여 매우 중요한 부품소재산업에도 주목할 필요가 있다. 정부도 이 문제에 대한 중요성을 인식하여 대기업과 중소기업 간의 협력관계에 기초한 부품소재산업의 육성을 지원하고 있으나 환경친화적인 부품소재기술에 대한 보다 적극적인 육성과 지원이 필요하다. 전술한 바와 같이 향후 부품소재산업에서 친환경성이 매우 중요한 요인으로 등장할 가능성이 높기 때문이다. 환경친화적인 부품소재산업의 육성은 환경보호와 고용창출 그리고 수출산업의 경쟁력 제고에 중요하다.

▮환경농업의 육성

농업 부문은 산업 가운데에서 생태계를 가장 넓게 사용한다는 점에서 지속가능한 발전에서 매우 중요한 위치를 차지한다. 하지만 현대 농업은 환경적 측면에서 농화학자재의 고투입에 기초하여 단작 형태의 대량생산을 추구하기 때문에 수질오염과 토양오염 등 여러 가지 환경문제를 야기하고 있다. 또한 농업의 상대적 낙후와 값싼 농산물의 수입개방은 도농 간의 격차라는 지역적 불평등을 심화시키고 있으며, 쌀 등 일부 비효율적인 과잉생산의 문제까지 초래하고 있다.

이러한 상황에서 물질순환형 환경농업은 한국 농촌의 환경성과 지역 간 형평성 그리고 비효율적인 과잉생산문제까지 해결할 수 있는 잠재력을 지니고 있다. 환경농업의 경우 비교적 높은 가격에 판매되기 때문에 농업소득의 제고에도 도움이 되며, 농촌의 환경보호는 물론 쾌적한 농촌환경을 토대로 하는 다양한 어메니티 사업을 가능하게 한다는 점에서 농촌지역 발전에도 기여한다.

따라서 최근 안전한 먹을거리에 대한 요구와 농촌 어메니티에 대한 수요가 증가하고 있는 상황을 이용하여 농업 · 농촌에 대한 사회적 인식변화를 촉진하고, 이를 발판으로 한국 농업을 물질순환형 환경농업으로 전환할 필요가 있다. 이를 위해서는 무엇보다 환경 농산물의 유통과정에 대한 정비와 지원이 필수적이다. 최근 안전한 먹을거리에 대한 폭발적인 수요증대에도 불구하고 환경농업으로의 전환이 미진한 것도 바로 유통과정의 신뢰 부족 때문이다. 이를 위해서 정부는 환경농업을 위한 생산자재 지원보다 유통혁신에 중점을 두면서 시장거래의 신뢰성 제고(농산물표지제도의 개선)에 노력하고 소비자 단체와 생산자 간의 비시장적 거래(생협이나 직거래 등)를 활성화시킬 필요가 있다. 아울러 친환경농산물의 시장적 거래와 비시장거래의 활성화를 통해 시장을 확대하고 이를 통해 새로운 농업경영 모델이나 생산조직화를 촉발하여 기술혁신을 유발할 필요가 있다.

▌마무리

한국 경제는 이른바 경제 위기, 고용 악화 그리고 환경 파괴라는 삼면초가의 위기에 직면해 있다. 이러한 상황에서 한국 경제는 전통적인 처방과는 다른 새로운 처방들을 고민할 필요가 있다. 이 글이 제시하는 지속가능한 발전을 위한 '생태적 뉴딜전략'은 그 중의 하나이다. 에너지 부문의 혁신과 물질순환형 산업의 육성은 환경보호는 물론 고용창출 그리고 산업의 경쟁력강화와 국민경제의 안정성 제고를 통해 한국 경제의 위기 해결에 긍정적으로 작용할 가능성이 높다.

물론 생태적 뉴딜전략만으로 한국 경제의 당면 문제가 모두 해결되는 것은 아니다. 더구나 정책의 효과도 단기간에 나타나지는 않을 것이다. 하지만 경제발전의 잠재력은 벼락치기가 아니라 꾸준히 경제체질 개선으로 배양된다는 점에서 최근의 위기상황은 한국 경제가 에너지 등 자원문제와 관련하여 새롭게 체질을 개선할 수 있는 좋은 기회이다.

향후 세계경제도 이전처럼 에너지와 물질을 많이 사용하고 노동을 적게 사용하는 방식에서 노동과 지식을 많이 사용하고 에너지 및 물질을 절약하는 방식으로 바뀔 가능성이 높다. 이러한 새로운 흐름에 부응하기 위해서 한국 경제도 새로운 전략이 필요하다. 20세기 초반의 세계 대공황이 '전통적 뉴딜전략'을 탄생시켰다면, 21세기 초반 경제위기와 환경문제는 새로운 전략, 즉 '생태적 뉴딜전략'을 탄생시킬 것이다. 한국 경제도 예외가 아닐 것이다.

『한국환경보고서 2006』, 녹색사회연구소.

02

‘녹색칠 장밋빛’ 뉴딜과 ‘녹색의 생태적’ 뉴딜

현재 한국 사회를 가장 뜨겁게 달구고 있는 핫 이슈를 꼽으라면 단연 4대강 문제와 세종시 문제이다. 전자가 환경과 관련된 문제라면, 후자는 국가균형발전과 관련된 문제이다. 그럼에도 불구하고 양자 간에는 한 가지 공통점이 있다. 양자 모두 대통령의 선거공약에서 다소 성급하게 제기되었다는 점이다. 그냥 애교로 봐줄 수 있는 무슨 반장 선거공약도 아니고, 국가의 운명을 좌우하는 중대한 대통령 선거에서 한 나라를 이끌고 갈 정치세력들이 충분한 사전 준비와 사회적 공론화 없이 선거공약을 남발하고, 기형적인 한국의 정치구조가 이를 증폭시켜 사업에 대한 합리적인 판단과 원만한 수습을 불가능하게 만들고 있는 것이다.

1987년 대통령 선거공약으로 시작한 새만금사업이 거의 20년의 갈등을 거쳐 최근에야 간척지의 용도—그것도 ‘유보용지’라는 정체불명의 용도와 최근 건설거품으로 망해버린 ‘두바이’ 모델까지 동원하면서—를 정하는 해프닝이 다시 반복될까 두렵다. 이런 측면에서 한국 사회는 여전히 20세기이고 한국 정치는 여전히 1987년이다.

▮갈등을 유발하는 선거공약: 그 화려한 계보

이른바 '새만금사업－세종시－4대강 사업'으로 이어지는 대통령 선거공약의 화려한 계보 중에서도 4대강 사업은 단연 압권이다. 더욱 어이가 없는 것은 4대강 사업을 추진하는 이명박 정부가 세종시를 참여정부가 박은 '잘못된 말뚝'이라고 비판하면서, 대통령까지 나서서 무리하게 그 말뚝을 뽑으려 하고 있다는 점이다. 현 정부는 전봇대 뽑는 것만으로는 성에 차지 않는 모양이다. 스스로는 4대강이란 '말뚝'을 박으면서 남이 박은 '말뚝'을 비난하는 고관대작(高官大爵)의 깊은 뜻을 백면서생(白面書生)의 좁은 식견으로는 이해하기 어렵다. '자신의 눈에 든 대들보는 보지 못하면서, 남의 눈에 든 티끌을 탓하는 것'은 2000년 전이나 지금이나 다를 바가 없다.

수도이전이 여의치 않은 상황에서 반쪽짜리 행정도시라도 건설하면 균형발전이 될 것으로 생각한 참여정부의 판단도 분명 문제가 있다. 지역균형발전이 행정부처 이전을 전제로 해서만 성립할 수 있는 것이냐에 대해서도 의문의 소지가 있다. 하지만 세종시 문제는 그나마 국가균형발전이라는 추상적인 명분, 지역발전을 위한 고민의 흔적이라도 있었다. 하지만 4대강 사업은 그 정도의 명분이나 고민도 없는 해괴한 말뚝이다. 더구나 세종시 말뚝은 국가균형발전에 대한 국민적 합의와 균형발전을 위한 더 좋은 대안이 있으면 다시 뽑을 수도 있다. 하지만 4대강 말뚝은 어떻게 하기가 어려운 콘크리트 말뚝이다.

수질개선, 수자원확보, 고용창출이란 미명하에 하천생태계를 파괴하는 전통적인 토목사업을 '한국형 녹색뉴딜'로 명명하는 정치적 사기도 문제지만, 이에 '까치발'까지 해가며 그 먹이를 받아먹으려는 일부 하천전문가들의 학문적 쇼는 보기에 민망하다. 한국의 토목건축 학계는 이들 '까치발 전문가'에게 4대강 프로젝트가 아닌 다른 연구프로젝트를 마련해 줄 수는 없을까? 아니 연구보다 출세를 지향하는 이들 전문가에게 정정당당한 출세의 길을 제공할 수 없는 것일까?

물론 4대강에서 필요한 부분은 준설해야 하고, 필요한 구간의 수질은 개선해야 한다. 하지만 습지에 해당하는 4대강의 밑바닥을 왕창 들어내고 하천의 흐름을 방해하는 수십 개의 보를 건설하는 사업을 녹색뉴딜이라고 하는 '까치발 전문가'의 주장은 필자의 생태학적 상식으로는 납득이 되지 않는다. 4대강 사업! 녹색 뉴딜인가? 과연 그런가?

▌진정한 녹색뉴딜: '생태적 뉴딜'

우선, 뉴딜(New Deal)이란 삽질이든 무엇이든 무조건 일자리나 몇 개 만들면서 경제위기를 벗어나고 보자는 식의 땜질 처방이 아니다. 20세기 대공황기의 뉴딜이 그러했듯이, 뉴딜은 위기를 초래한 기존 경제구조의 문제점을 해결하고, 이를 통해 위기 이후의 새로운 사회의 밑그림을 그리는 과정이다. 새로운 사회를 창출하기 위해 경제적 이해관계를 달리하는 사회적 계층 간의 합의를 모색하는 과정, 즉 말 그대로 '새로운(New) 합의(Deal)'인 것이다. 20세기 대공황기의 뉴딜이 시장 중심의 경제정책이 초래한 분배악화와 빈곤문제를 해결하기 위해 사회적 합의를 거쳐 분배와 복지제도를 구축하고, 이를 통해 시장경제의 단점을 보완하여 공황기 이후에 안정적인 혼합경제

질서를 창출했던 것처럼 말이다. 이른바 20세기 대공황기의 뉴딜조차 4대강 사업처럼 열심히 삽질해서 경제위기를 돌파하자는 것과 거리가 먼 것이다.

그렇다고 필자가 현재 위기를 극복하기 위해 삽질토목이 아니라 진보 진영의 제안처럼 분배 및 복지제도를 강화하자는 주장을 하려는 것이 아니다. 실제 정부 뉴딜에 반대하는 많은 사람들이 분배와 복지를 위한 이른바 제도 개선(이하 '분배 뉴딜')을 주장하고 있다. 물론 현 시점에서 분배와 복지사업은 뉴딜의 한 요소로서 필요하며, '4대강 삽질'에 비해 중요한 사회적 의미를 지니고는 있다. 하지만 그 기본사고는 과거 20세기 대공황기의 뉴딜 개념에서 벗어나지 못하고 있다. 이는 분배뉴딜이 20세기 초반의 대공황기와 21세기 현재 상황의 차이점을 간과하고 있기 때문이다.

현재의 위기는 과거와 달리 경제위기만이 아니라 환경위기가 중첩되어 있다. 지금까지 한국 경제를 비롯한 세계 경제는 엄청난 자원을 투입하여 경제성장을 구가해 왔고, 이는 결국 화석연료의 고갈과 지구온난화라는 지구생태계의 위기를 초래하였다. 따라서 현재 우리에게 필요한 뉴딜은 경제성장과 환경파괴 간의 악순환관계를 단절하면서 성장(현재 세대)과 환경(미래 세대) 간의 '새로운 합의(New Deal)'를 도출하고 그 과정에서 분배개선과 고용창출을 도모하는 진정한 녹색뉴딜, 즉 필자가 주장하는 '생태적 뉴딜'이다.

생태적 뉴딜의 핵심은 바로 경제활동의 자원흐름 혁신에 있다. 과거 경제성장이 자원사용량에 비례하는 '자원증대형 패러다임'이었다면, 향후 21세기 경제성장은 자원사용량을 줄이면서 경제성장을 추구하는 '자원혁신형 패러다임'이어야 한다. 이 과정에서 바로 새로운 산업, 새로운 기술, 새로운 고용이 창출되는 것이다. 즉, 성장과 고용 그리고 환경을 모두 아우르는 뉴딜을 통해 21세기 새로운 사회의 밑그림을 그리는 것이 바로 현 시대가 요구하는 올바른 뉴딜이다.

이른바 '한국형 녹색뉴딜'의 대명사인 4대강 사업은 이에 부합하는가? 녹색뉴딜에 충실하자면, 수자원의 공급확충보다 수자원의 대대적인 수요관리사업을 선행해야 한다. 한국의 물 부족 문제는 댐 건설과 같은 토목삽질이 필요하면 늘 등장하는 단골메뉴이다. 국민에게 휘발유 세금(목적세)을 대폭 부과해서 확보한 돈으로 별로 필요하지 않은 도로 건설한다고 예상교통량을 부풀리는 것과 닮은꼴이다.

설령 백번 양보하여 물 부족이 예상된다고 하더라도 진정한 녹색뉴딜이라면 물을 물 쓰듯 하는 물의 낭비를 줄이는 사업, 물의 이용효율성을 높일 수 있는 정책을 먼저 수행해야 한다. 두말할 것도 없이 물의 사용증가는 자연생태계의 부담을 증가시키고, 이산화탄소를 더 많이 배출하는 행위이기 때문이다. 게다가 물의 수요관리사업도 다양한 사업과 일자리를 창출한다. 그동안 다양한 수요관리 방안이 제기되었지만, 이를 촉진할 경제적 유인이나 규제가 없었고, 정부 역시 대대적인 수요관리사업을 전개하지 않았다.

이런 상황에서 하천 생태계에 부담을 주면서 대량의 수자원을 확보하는 4대강 사업은 녹색 뉴딜의 취지에 정면으로 위배되는 '녹색칠 뉴딜'이다. 환경은 차치하고 경제적 차원에서도 4대강 사업은 한국의 산업구조상 과도한 비중을 차지하고 있는 20세기형 건축토목업을 존속시켜 정부 스스로가 강조하는 경제구조의 선진화를 저해한다.

▌한국 경제의 생태적 뉴딜: '하천삽질'에서 '도시삽질'로!

문제는 수자원만이 아니다. 수자원은 최악의 경우 '부족' 국가라도 되지만 에너지와 광물자원은 '전무(全無)' 국가이다. 더구나 한국 경제는 이산화탄소 배출을 줄여야 하는 절박한 상황에 처해 있다. 97% 에너지 수입, OECD 국가 중 온실가스 배출증가율 1위라는 수치가 말해 주듯이, 한국 경제는 자원다소비형 경제구조를 지니고 있다. 세계 자원수급 전망에 비추어 볼 때 한국 경제의 미래를 위해서 수자원은 말할 것도 없고, 에너지 등 모든 자원을 절약하는 자원혁신형 경제구조로 전환해야 한다.

물론 자원혁신형 경제로의 전환이 하루아침에 이루어지는 것은 아니다. 철강, 석유화학, 시멘트와 같은 에너지 다소비산업을 몇 년 이내에 구조조정하기 어렵고, 화석연료를 대신하는 신재생에너지도 단기간에 확충할 수 없다. 그럼에도 불구하고 정부 뉴딜에 포함되어 있는 일부 에너지 관련 사업(PHEV 전기자동차와 일부 신재생에너지 사업)은 과도한 의욕과 비현실적인 목표설정으로 오히려 녹색거품(green bubble)을 유발할 가능성이 높다.

필자가 정부의 녹색뉴딜을 '녹색칠(=4대강 사업) 장밋빛(=에너지 사업) 뉴딜'이라고 비판하는 이유이다. 요즘 정부사업이건 연구프로젝트이건 녹색이란 표현이 들어가지 않으면 명함을 못 내미는 현실이 한국 사회에 심각한 녹색거품이 끼고 있다는 증거이다.

그렇다면 단기적으로 가능하면서 진정한 녹색 뉴딜의 효과를 볼 수 있는 대안은 무엇인가? '도시혁신사업'이 바로 그 중의 하나이다. 역설적이게도 여기에 '21세기형 건축토목업'의 미래가 있다. 도시지역의 물 절약, 불투수층 축소, 빗물저장소 설치, 에너지 절약을 위한 건물단열강화, 비효율적인 조명 및 노후 보일러의 교체, 에너지 낭비가 심한 노후 건물의 보수, 4대강 레저가 아닌 생활 속의 자전거도로, 대중교통 중심의 교통체계 개편, 무분별한 도시팽창(스프롤) 방지 및 도시동선 혁신을 위한 구도심 재생사업 등은 몇 가지 사례이다.

특히 에너지 등 대부분의 자원사용이 도시지역에 집중되어 있다는 점에서 자원혁신형 도시건설은 한국 경제의 자원혁신에 매우 중요하다. 더구나 이들 사업은 이미 도시지역에서 부분적으로 시행되고 있기 때문에 정부가 뉴딜사업의 예산과 중점을 '하천'에서 '도시'로 전환만 하면 된다. 아울러 이들 사업은 중장비보다 인력을 더 많이 사용하기 때문에 하천개발보다 고용창출 효과도 더 크다. 특히 주택단열이나 건물개조 사업을 비싼 기름 값에 벌벌 떠는 저소득층의 주택개조, 사회보육시설을 중심으로 진행하면 형평성과 공공성까지 도모할 수 있다. 도심 생태공원조성이나 생태하천 복원과 같은 토목사업도 있다.

이들 사업은 모두 에너지와 환경과 결합된 건축토목업이라는 점에서 20세기 환경파괴적 건축토목업을 21세기 환경친화적 건축토목업으로 선진화시키는 효과도 있다. 필자가 "하천삽질에서 도시삽질로!"라는 구호를 부르짖는 이유이다.

수자원 낭비, 하천생태계 파괴, 사회갈등을 유발하는 4대강 사업!
수자원 절약, 도시 에너지절약, 서민의 에너지복지 증진을 위한 도시혁신사업!

21세기 자원가격 상승과 온실가스 규제라는 양날의 칼이 한국 경제의 목을 조여 오는 이 시점에서 자원다소비형 '한국 경제의 발전 잠재력'은 어느 사업에서 나오는 것일까? 이명박 정부가 스스로 강조하고 있는 '한국 경제의 새로운 60년'을 위해서 22조의 거대한 뉴딜 자금을 어느 사업에 집중하는 것이 좋을까? 이는 복잡하고 전문적인 효과분석 이전의 상식적인 판단 문제이다. 필자의 경험상 이런 상식적인 문제는 '까치발 전문가'의 이상한 논리와 숫자 놀음보다 건전한 상식을 갖춘 국민들의 판단이 항상 옳았던 것으로 기억하고 있다. 이 질문에 대한 최종판단 역시 이 글을 읽는 독자 여러분에게 맡긴다.

『한밭논단』 제4호, 2009.

03

한국 농업의 올바른 녹색 성장

: '생태농업'의 과제

2007년 8월 이명박 정부가 한국 경제의 새로운 비전으로 선언한 '저탄소 녹색성장'이 국가적 관심사로 부상하면서, 각 부처마다 저탄소 녹색성장 정책을 서둘러 발표하고 있다. '경부 대운하'에서 '녹색성장'으로의 극적인 방향전환이 다소 의아하지만, 그 경위와 내막이 어찌되었든 우리나라에서도 저탄소와 녹색성장 문제가 제기된 것은 바람직한 일이다.

하지만 우리나라처럼 에너지다소비형 경제 체질을 가진 나라에서 이산화탄소의 감축과 경제성장을 병행하는 일이 그리 쉬운 것은 아니다. 이는 특정 계층이나 산업을 넘어 모든 국민의 에너지 소비패턴, 모든 산업의 에너지 체질을 일대 혁신하는 작업이기 때문이다. '사실상 석유로 짓는 농사'인 농업 부문도 마찬가지이다. 물론 농업 부문 역시 이산화탄소를 배출하지만 다른 산업과 달리 이를 흡수하기도 하고, 신재생에너지인 바이오매스까지 공급할 수 있다는 점에서 진정한 의미의 녹색성장은 한국 농업에 새로운 기회일 수 있다.

따라서 지금 우리에게 중요한 것은 한국 경제 나아가 한국 농업의 저탄소 녹색성장을 선언하는 것보다 이를 달성하기 위해 올바른 전략과 수단을 마련하는 일이다. 이를 위해 우리보다 앞서 이를 추구하고 있는 주요 국가들의 상황을 잠깐 살펴볼 필요가 있다.

유럽과 일본은 물론 최근 미국에 이르기까지 OECD 주요 선진국들은 이미 기후변화에 대응하여 '저탄소사회'(low carbon society)로의 전환을 추진하고 있다. 이 과정에서 이들이 공통적으로 채택한 전략은 바로 에너지 수요관리, 즉 화석연료의 이용효율 제고이다. 국제에너지기구(IEA)도 2030년 이산화탄소 목표감축량의 약 80%(나머지 10%는 신재생에너지 확대, 10%는 원자력 확대로 절감)를 에너지효율 제고로 달성할 수 있고, 그것이 다른 방식보다 경제적 비용이 가장 적게 들 것으로 전망한 바 있다.

물론 에너지공급 측면에서 화석연료를 대체하는 신재생에너지의 확대도 이산화탄소의 감축이나 새로운 산업의 육성이라는 측면에서 무시할 수 없다. 하지만 전 세계적으로 신재생에너지는 양적인 측면에서 화석연료에 비해 여전히 낮은 비중이고, 화석연료가 2050년까지는 여전히 큰 비중을 차지할 것으로 전망되고 있다.

따라서 녹색성장의 중요한 핵심은 화석연료에 대한 이용효율을 높여 이산화탄소를 감축하고, 이 과정에서 제품 및 산업의 환경경쟁력을 강화하는 데에 있다. 이러한 전략은 한국 경제는 물론 농업 부문의 올바른 녹색성장에도 마찬가지로 적용할 수 있다. 이와 관련하여 농업 부문의 녹색성장을 위해 해결해야 할 과제를 살펴보면 다음과 같다.

첫째, 석유제품인 비료의 효율적인 사용이다. 비료투입의 효율화는 이산화탄소보다 300배의 온실효과를 유발하는 아산화질소의 배출량을 줄일 뿐만 아니라, 토양의 양분과잉 문제를 해결하고 농업경영비 절감과 가격경쟁력 제고에도 기여한다. 최근의 비료가격 등 석유제품 관련 농자재들의 가격상승을 부담으로만 생각할 것이 아니라, 이를 석유 관련 자재의 이용효율을 높이는 적극적인 계기로 삼을 필요가 있다. 이와 아울러 INM/IPM의 내실화와 직불제에 기초한 의무준수(cross compliance) 등 다양한 제도적 장치를 마련하고, 장기적으로 화석연료 의존을 크게 줄일 수 있는 친환경농법이나 유기농법을 적극 개발하여 보급할 필요가 있다.

둘째, 농업생산 과정에서 에너지절감이다. 특히 난방열을 많이 사용하는 시설농업의 경우 최근 석유가격 상승으로 인해 값싼 연탄이나 농사용 전기사용이 증가하여 무연탄 수급대란은 물론 전기난방이라는 비효율적인 에너지 사용을 유발하고 있다. 효율적인 난방에너지 사용을 위해 단기적으로는 온실의 단열효과에 치중하면서, 장기적으로 간벌재를 활용한 바이오매스나 지열 등 연료전환(fuel switching)을 모색할 필요가 있다. 또한, 면세유와 원가의 40%로 공급되는 농사용 전기의 경우 당장은 어렵지만 장기적으로 과세와 요금현실화를 통해 농업 부문의 전기 및 석유사용을 효율화하고, 이에 따른 농민의 부담 상승은 직접보상방식으로 대처하는 것이 바람직하다.

셋째, 생산과정만이 아니라 '식(食)과 농(農) 간의 거리확대'에 따른 가공 및 유통과정의 에너지효율도 중요하다. 식품가공 단계의 증가는 에너지사용 증가를 초래하며, 농산물운송은 운송거리(산지의 분산성)와 운송량(높은 수분함량과 큰 부피)에서 많은 화석연료를 사용한다. 영국의 사례이기는 하지만 GDP의 2%에 불과한 농산품이 경제 전체의 운송물량의 30%를 차지하고, 농산물가공 및 유통과정에 소요되는 에너지가 생산과정에 투입되는 에너지를 능가한다는 점은 에너지 문제와 관련하여 여러모로 시사하는 바가 많다. 농산물 유통의 효율화와 아울러 슬로우 푸드와 로컬 푸드운동을 농업 부문의 에너지이용 효율의 측면에서 곱씹어 볼 필요가 있다.

한편, 신재생에너지의 측면에서 주목받고 있는 바이오매스의 경우, 에너지작물생산이나 CDM 사업 등 농업의 새로운 성장기회를 제공한다는 점에서 의미가 있으며, 우리나라 신재생에너지 가운데 상용화의 가능성도 높은 편이다. 그렇다고 무리하게 바이오매스의 보급 확대를 주장하는 것은 바람직하지 않으며, 바이오매스의 현실적 여건(경제성 문제)과 정책추진상 애로요인(담당부처의 난립)을 고려하면서 점진적이고 체계적으로 추진할 필요가 있다.

첫째, 에너지작물의 경우 휴경지나 한계농지 혹은 수변구역을 활용한 시범사업은 진행하되 이를 넘어선 본격적인 확대를 위해서는 수입제품과의 가격경쟁력 문제를 해결하거나, 국내생산에 따른 긍정적 외부효과를 면밀히 검토할 필요가 있다. 아울러 에너지작물의 경우 연료전환 과정에 화석연료가 투입되기 때문에 전과정평가(LCA)의 관점에서 명실상부한 탄소 중립에 근접하도록 추가적인 기술개발이 필요하다.

둘째, 축산분뇨나 간벌재 등 농업 관련 폐기물 분야 역시 경제성의 측면에서 해결해야 할 사항이 많다. 하지만 축산분뇨의 경우 에너지 측면만이 아니라 해양투기 금지로 인한 현실적 긴급성도 있기 때문에 에너지작물보다 적극적인 고민이 필요하다. 축산분뇨의 경우 경제성 문제와 바이오가스화에 따른 액비처리 문제해결에 주력하면서 장기적으로는 경종과 축산의 결합을 지향할 필요가 있다. 상대적으로 상용화의 가능성이 높은 간벌재의 경우 고용창출 효과를 도모하면서 수집비용의 효율화에 노력할 필요가 있다. 축산분뇨와 간벌재의 경우 운송거리가 길어질 경우 환경성과 경제성 모두 불리해지기 때문에 지역단위 내에서 자체적으로 소비하는 방식이 바람직하다. 아울러 이들을 비교적 저렴하고 안정적으로 조달할 수 있는 지역에서는 이를 농촌지역의 주택용 심야전기난방을 대체하는 데에 활용하면 우리나라 이산화탄소 배출감소에 크게 기여할 수 있다.

이상에서 살펴본 에너지 효율의 획기적 증대와 바이오매스의 점진적 확대보다 더 중요한 농업 부문의 과제로서 기후변화에 따른 적응문제가 있다. 우리나라 기후변화대책은 이산화탄소 저감문제(mitigation)에 비해 이미 진행되고 있는 한반도 기후변화에 대비하는 적응문제(adaptation)를 소홀히 하는 경향이 있다. 국제사회에서는 이산화탄소의 저감문제 못지않게 기후변화에 대비하는 적응문제에 대한 관심이 높아지고 있다. 특히 농업의 경우 다른 산업과 달리 기상에 가장 크게 영향을 받는 산업이기 때문에 한반도의 온난화에 따른 기상변화와 작물변화 등 농업 부문의 적응문제에 보다 적극적인 관심을 기울일 필요가 있다. 농업 자체가 이산화탄소의 흡수원 역할을 한다는 점에서 농업생산을 유지·확대하고 새로운 작물생산에 대비하는 것이 한국농업은 물론 한국 경제의 저탄소화에도 매우 중요하기 때문이다.

『농정연구』 겨울호, 2008.

04

농촌태양광 정책

: '일석이조'의 개운치 않은 뒷맛

한국 경제의 지속가능한 발전을 위해서는 두 가지, 즉 우리나라의 '에너지산업'과 '농업'이 지속가능한 방식으로 바뀌어야 한다는 점은 필자의 오랜 소신이자 희망 사항이기도 하다. 만일 하나의 정책으로 에너지와 농업부문의 변화가 동시에 달성될 수 있다면 그야말로 '일석이조'에 '금상첨화'가 아닐 수 없다. 농촌 바이오매스 폐기물을 활용한 에너지 생산이 바로 그 중 하나일 것이다. 농업 관련 폐기물을 버리지 않고 재활용한다는 점에서 지속가능한 농업에 부합하고, 이를 탄소 중립의 재생가능에너지로 전환하여 사용한다는 점에서 지속가능한 에너지체제에도 기여하기 때문이다.

그런 이유에서인지 재생가능에너지가 전체 에너지소비의 10% 정도를 차지하고 있는 OECD 국가들의 경우 그 중 절반을 '바이오매스'가 차지하고 있다. 우리나라 에너지소비에서 재생가능에너지가 차지하는 비율은 1%대(국제기준)로 부끄럽게도 OECD 국가 중 최하위며 그 내부에서 바이오매스, 태양광 등의 원별 비율을 따져봤자 도토리 키재기일 뿐이다.

우리나라 농촌에도 바이오매스 폐기물이 많이 있고(연간 축산분뇨 4,000만 톤 이상, 목질계 및 초본계 1,000만 톤 이상으로 합계 5,000만 톤 수준), 여기에 상당 수준의 임목축적량도 있다. 물론 이들 농촌 바이오매스는 그냥 버려지는 것이 아니라 현재 여러 방식으로 재활용되고 있다. 축산분뇨의 경우 통계수치상으로는 거의 90% 이상이 정화 처리되거나 액비 및 퇴비로 재활용되고 있다. 하지만 퇴비나 액비를 모두 소화하기에는 경지면적이 부족해서 많은 양이 살포되지 않거나 되더라도 하천으로 유입되어 수질악화를 유발하고 있다. 축산분뇨를 퇴비나 액비가 아닌 재생에너지로 활용하는 방법도 있지만 경제성이 낮다는 이유로 거의 활용되지 않고 있다.

간벌재인 목질계의 재활용 비율은 25% 내외로 통계수치상으로도 아주 낮다. 높은 수집비용 등으로 경제성이 없어 대부분 산지에 그냥 방치되어 산불이나 수해를 악화시키고 토사붕괴 사태를 유발하기도 한다. 농촌 간벌재는 이렇게 방치되어 있는 반면 우드 펠릿 등 외국산 바이오매스는 최근 수입이 급증하고 있다. 정부의 '신・재생에너지공급의무화제도(일명 RPS제도)'에 따라 일정비율을 재생가능 에너지로 발전해야 하는 대형발전사들이 외국의 저렴한 우드 펠릿을 대량 수입해서 혼소발전으로 주어진 의무량을 채우기 때문이다. 그 결과 수만 톤에 불과했던 외국산 수입량이 RPS제도가 도입된 이후 급증하여 작년에는 거의 140만 톤이 수입되었고 앞으로도 계속 증가할 전망이다.

이렇게 국내 축산분뇨나 간벌재 자원이 제대로 활용되지 않는 상황에서 최근 반가운(?) 정책이 하나 등장했다. 이른바 '농촌태양광 보급 활성화'정책이 바로 그것이다. 정부가 농촌 태양광 보급을 저해했던 자금 애로요인을 해소하고 농민 참여시 우대까지 하는 방식으로

드라이브를 건 것이다. 정부의 단순 셈법에 따르면 농지에 태양광을 설치하면 쌀농사(직불금 수입포함)보다 최고 8배의 수익이 발생하는 것으로 되어 있다. 농가소득도 올리고 태양광 발전량도 늘이는 '일석이조'의 반가운 사업임에 틀림없다. 하지만 몇 가지 개운치 않은 뒷맛은 있다.

첫째, 농촌지역에 가장 적합한 재생가능에너지는 축산분뇨와 간벌재 등이다. 하지만 이들 자원들은 거의 에너지로 활용되지 않은 채 갑자기 태양광이 치고 들어온 셈이다. 순서상 모양새가 아주 좋은 것은 아니다.

둘째, 농촌 태양광이 활성화되면 태양광의 두 가지 장점, 즉 무탄소의 환경성과 대도시 밀착형 중에서 후자의 장점은 다소 퇴색된다. 아직은 보급 초기이나 농사수익의 8배라는 얘기에 너도나도 몰려들면 농촌 태양광 전력을 전력수요가 많은 대도시로 수송하기 위해 그 말썽 많은 송전망을 건설해야 할지도 모르는 일이다. 게다가 고립계통망인 우리나라에 변동성이 높은 태양광이 많아지면 계통운용은 그만큼 더 어려워진다.

셋째, 기우인지는 모르지만 농촌 태양광이 대대적인 보급되면 우리나라 에너지 자립도는 높아지겠지만 반대로 국내 농업 축소로 곡물자급률이 낮아질 가능성도 있다(에너지안보와 식량안보 간의 상충). 정부로서는 당장에 쌀 변동직불금이 허용보조금(AMS)을 넘어서고 쌀이 과잉인 마당에 '쌀농사'를 '태양광 농사'로 바꾸고 싶은 유혹도 있을 것이다. 하지만 '쌀은 과잉, 곡물자급도는 25%'가 시사하듯이 쌀 과잉은 농지가 남아돌아서가 아니라 생산연계형 직불제가 유발한 토지이용의 비효율성 때문이다. '농사수익의 8배'라는 구호를 내세우기보다 중장기적으로 우리나라 토지를 곡물자급도를 높이는 데 사용할 것인가 아니면 에너지 자급도를 높이는데 사용할 것인가에 대해 한번은 진지하게 생각할 필요가 있다.

물론 농촌 태양광의 보급사업이 나쁘다는 것은 결코 아니다. 오히려 지역과 장소에 따라 적극 권장할 측면도 있다. 하지만 '농사는 안 되니 대신 태양광을 하자'는 식이라면 대한민국의 농업과 식량안보가 좀 안쓰러워 보인다. 더구나 곡물자급도 25%인 나라에서 말이다. 기왕에 농촌 태양광 보급사업이 시작되었으니 아무런 부작용 없이 잘 진행되었으면 한다. 대신 식량 안보와 충돌하지 않고 재생가능에너지의 비율을 높일 수 있는 국내 축산분뇨나 간벌재에도 정책당국이 관심을 가져주었으면 한다. 기후변화 시대에 에너지안보 못지않게 식량안보 역시 매우 중요하기 때문이다.

〈농정시평〉, 2017.4.10.

05

온실가스 중기감축계획
: '그들만의 리그'와 '서류상의 계획'

최근 온실가스 중기감축안의 대략적인 윤곽이 발표되었다. 녹색성장위원회의 주도하에 마련된 이번 감축안은 2020년까지 자발적 감축을 통해 우리나라 온실가스 배출량을 2005년도와 유사한 수준(2005년 대비 -4%에서 +8%)으로 유지하는 것으로 되어 있다. 감축안이 나오기가 무섭게 이를 둘러싸고 뜨거운 공방이 오가고 있다. 산업계는 산업경쟁력에 부담을 줄 수 있다고 우려하는 반면, 환경단체는 우리의 국제적 위상에 맞지 않는 터무니없는 수치라고 비판하고 있다.

정부, 산업계, 환경단체 간의 치열한 공방에도 불구하고 정작 감축의 실질적인 비용을 부담하게 될 일반 국민은 그 뜨거움을 전혀 체감하지 못하고 있다. 그 이유는 크게 2가지이다. 하나는 전체 감축목표가 제시되었지만 어느 부문, 어느 계층이 얼마만큼 감축할 것인지에 대한 자료공개와 논의가 없기 때문이다. 또 다른 하나는 감축목표를 달성하기 위한 정책수단과 재원에 대한 논의가 빠져 있기 때문이다. 누가 얼마를 줄이고, 얼마의 재원이 들며, 어떤 정책수단이 필요한지에 대한 논의가 없는 상태에서 감축목표 수치 하나를 두고 벌이는 공방은 공허한 수치논쟁이자 '그들만의 리그'가 될 수밖에 없다.

물론 정부의 감축안에 정책수단이나 비용부담에 대한 얘기가 있다. 하지만 제시된 감축수단은 대부분 가상적으로 상정한 불확실한 기술 옵션들로 구성되어 있다. 비용부담도 감축으로 인한 국민소득 감소분을 가구 수로 나눈 평균부담액만 나와 있다. 각 경제주체들이 실질적으로 부담할 액수와는 거리가 먼 것이다. 4대강 사업에서 보았던 쾌도난마(快刀亂麻)식의 재원조달 계획도 없다. 더구나 전통적인 토목성장을 국내외적으로 저탄소 녹색성장으로 과대포장을 해 놓은 탓에 한국의 온실가스 감축에 대한 국내외의 기대는 한껏 높아져 있다.

하지만 현실적으로 무엇을 어떻게 하겠다는 개괄적인 밑그림조차 보이지 않는다. 현재 상태라면 그동안 에너지정책에서 종종 되풀이되었던 오류, 구체적인 정책수단의 준비 없이 '주관적인 희망목표'를 '객관적인 가능목표'로 설정하는 오류가 이번에도 반복될 가능성이 높다.

현재 논의 중인 2020년 감축목표는 말 그대로 자발적인 것이다. 즉 우리의 여건과 현실에 맞게 감축하는 것이다. 이를 위해서는 가상적인 모형수치를 넘어서 각 경제주체별 감축분담, 실현가능한 정책수단 및 소요 재원을 본격적으로 논의해야 한다. 한가롭게 감축수치 하나만 놓고 '많다 적다'라는 식의 공허한 논쟁을 벌일 때가 아니다.

지금 우리에게 시급한 것은 정부, 산업계, 환경단체 그리고 국민 각계각층이 모두 참여하는 생산적인 공론의 장이다. 우선, 정부는 대외적인 감축목표 선언과 협상전략에만 골몰할 것이 아니라, 온실가스 감축을 위한 실질적인 정책준비 모드로 들어가야 한다. 이를 위해서는 녹색성장위원회 중심의 논의를 정부 각 부처 나아가 사회 전반으로 확산시켜야 한다. 4대강 사업을 대폭 축소하고 그 재원을 온실가스 감축사업으로 돌려야 한다. 산업계, 특히 에너지다소비 산업체는 어려움만 호소할 것이 아니라 국제적인 흐름에 부응하여 환경경쟁력 강화는 물론 장기적인 구조조정까지 상정한 다각적인 사업전략을 마련해야 한다. 과감한 감축목표를 주장하는 환경단체는 온실가스 감축이 열정적인 주장만으로 해결되지 않는다는 것을 직시할 필요가 있다.

한국의 온실가스 감축은 모든 국민이 관심을 가지고 일상생활 속에서 실천하지 않으면 달성할 수 없다. 이를 위해서는 감축의 역할 분담, 구체적인 정책수단, 소요 재원을 논의하고, 이를 토대로 국민들을 설득하고 동참시키는 노력이 필요하다. '그들만의 리그'를 국민 모두가 참여하는 '우리들의 리그'로 전환할 때만이 '서류상의 감축안'이 '현실적인 감축안'이 될 수 있을 것이다.

〈내일신문〉, 2009.9.1.

06

현실을 무시한 온실가스 감축계획

정부의 온실가스 감축계획을 둘러싸고 정부와 산업계 간에 뜨거운 공방이 오가고 있다. 하지만 정작 감축계획의 성패를 좌우하는 전력부문의 감축 목표와 비용 부담에 대한 우려는 찾아보기 어렵다. 어쩌면 전력부문의 감축 목표가 너무 현실성이 떨어지는 것이어서 침묵하고 있는지도 모르겠다. 그렇다고 그냥 넘어갈 수는 없다.

정부계획에 따르면 향후 3년간 전력부문의 배출량 전망은 총 8.3억 톤이고, 이 중 약 15%인 1.3억 톤을 줄이는 것으로 되어 있다. 이를 달성할 수 있는 방법은 세 가지다. 첫째, 향후 3년간 전력수요 전망치에서 15% 정도 줄이면 가능하다. 하지만 전력수요는 경제활동에 따른 것이기 때문에 임의로 조절하기 어려운 측면이 있고, 필수재적 성격도 있어 단기간에 급격하게 줄이기 어렵다. 더구나 지난 3년 동안 경기 부진과 강제 절전(節電) 조치 속에서도 전력수요는 9.4%나 증가했다. 앞으로 3년간 갑자기 15% 감소 추세로 바꾸기는 사실상 불가능하다.

둘째, 공급 측면에서 고탄소 발전 설비를 저탄소 발전 설비로 대체하는 방법이 있다. 하지만 발전설비 대부분은 건설에 3년 이상이 걸리기 때문에 이 방법은 일정상 불가능하다. 태양광·풍력 등의 발전설비는 단기간에 건설이 가능하지만 이런 설비 건설은 현재 지역 민원과 환경 훼손 문제로 매우 부진한 상황이다.

마지막 방법은 감축량 목표에 미달하는 양만큼 배출권을 구입하는 것이다. 하지만 다른 부문도 정부가 정한 감축량 달성이 어려울 것으로 보여 배출권 수요와 가격이 급격하게 상승하고, 최악에는 배출권 가격이 상한수치인 톤당 10만 원까지 치솟을 수도 있다. 이 때문에 전력부문은 최대 13조까지 비용이 들 수 있고, 이는 약 8% 안팎 전력요금 인상으로 이어질 수 있다. 비현실적 감축 계획에 따른 전력 요금 인상은 사회적으로 받아들여지기 어렵다.

이처럼 온실가스 감축 계획이 논란을 거듭하는 것은 이전 정부에서 우리 현실을 무시한 채 감축 목표를 조급하게, 그것도 정치적 과시용으로 설정했기 때문이다. 온실가스 감축이 당면 과제라고 해서 현실성과 객관성이 생명인 정부계획에 성급한 희망 사항을 담아서는 곤란하다. 정부는 완고한 반(反)환경주의만이 아니라 성급한 녹색주의 역시 합리적 온실가스 감축을 방해한다는 사실을 인식할 필요가 있다.

〈조선일보〉, 2014.7.3.

07

녹색성장론의 온실가스 감축계획

: '발묘조장'의 교훈

온실가스 감축계획의 대명사인 배출권거래제 시행을 앞두고 감축목표의 적정성과 경제적 부담 문제를 둘러싼 정부와 산업계 간의 공방이 뜨겁다. 얼핏 보기에 이 공방이 친환경이냐 반환경이냐의 대립인 것처럼 보이지만, 필자가 보기엔 오히려 논란의 핵심은 감축계획 자체가 상식적이고 합리적인가라는 데에 있다고 생각된다.

우선, 2000년대 후반에 기본 골격이 결정된 온실가스 감축계획은 목표연도인 2020년의 에너지 수요와 이에 따른 온실가스 배출량을 과소 전망했다. 이는 복잡한 예측모델의 난해한 방정식에 골머리를 썩지 않더라도, 최근 5년간 우리가 겪은 전력 대란을 통해 이미 몸으로 체험한 바 있다. 경제 전체의 거시변수를 사용하는 수요예측 기법상 전력수요가 과소 예측되었으면 다른 에너지 수요도 과소 예측되었을 가능성이 높다.

설상가상 이렇게 낮게 전망한 배출량에서 감축목표량은 과도하게 설정했다. 즉 우리가 감당하고 동원할 수 있는 감축수단을 제대로 고려하지 않은 채, '저탄소 녹색성장'이라는 대・내외적 정치적 의욕만 앞세운 것이다. 이는 감축목표를 설정할 당시부터 논란이 되었던 것으로 이후 다른 에너지계획은 사실상 그 전망을 정정했다. 하지만 온실가스 감축계획은 현재까지 초기의 전망과 수치를 거의 그대로 유지하고 있다. 이로 인해 현재 정부 내에 온실가스 감축과 관련된 서로 다른 전망과 수치가 공존하고 있다. 배출권거래제의 시행을 바로 코앞에 둔 현재까지 정부 내에 서로 다른 공식적인 수치가 공존하는 것은 매우 안타까운 일이다.

감축계획이 다소 무리한 것이라도 이미 정해진 이상, 논란을 거듭하기보다 앞으로 5년 남짓 시간 동안 열심히 감축 노력을 해 보자는 의견이 있을 수 있다. 하지만 잘못된 길에 들어선 것을 알면서도 그 길을 계속 가는 것만큼 어리석은 것은 없다. 일시적인 부담이 따르더라도 가는 길을 수정하는 것이 향후 더 큰 부담을 막는 첩경이다. 더구나 다른 부문은 무슨 뾰족한 수가 있는지 모르겠지만, 감축계획의 핵심인 전력 부문은 향후 5년 안에 사용할 감축수단이 마땅치가 않다.

우선, 전력공급의 측면에서 석탄화력 등의 발전설비를 원전이나 신재생에너지와 같은 발전설비로 대체하는 방법이 있다. 하지만 2020년 원전의 기수는 이미 확정된 상태이고, 신재생에너지는 현재의 보급목표조차 달성하지 못한 상황이어서 추가 증설이 어렵다. 다만 정해진 발전설비 구성하에서 고탄소 발전설비(석탄화력)의 가동시간을 줄이고, 저탄소 발전설비(가스복합)의 가동시간을 높이는 연료 전환은 생각해 볼 수 있다. 하지만 이에 따른 감축비용은 이산화탄소 톤당 10만원 이상이고, 감축목표량 미달시 벌금은 톤당 10만 원이어서 경제학적으로 선택할 수 없는 방안이다.

공급 측면에서 방도가 없다면 수요 측면에서 전력 수요를 획기적으로 줄일 수밖에 없다. 하지만 감축계획이 전력수요를 과소 예측한 관계로 실제 줄여야 하는 양이 만만치 않다. 더구나 전력수요는 필수재적 성격이 있는데다가 경제활동에 따른 파생수요이기 때문에 5년이란 단기간에 급격하게 줄이기 어렵다. 만일 감축계획이 목표로 하는 전력 부문의 감축량을 수요 절약만으로 달성하려면, 2020년 전력수요를 거의 2000년대 중후반 수준으로 줄여야 한다. 최근 고유가로 인한 에너지의 전력쏠림 현상이 가세하긴 했지만 지난 5년간 우리나라 전력수요는 거의 20% 증가했다. 이런 추세라면 2020년 전력수요를 2000년대 중후반은커녕 현재 수준으로 억제하는 것조차 쉽지 않다.

끝으로 공급과 수요 양 측면에서 여의치 않다면 남아 있는 유일한 수단은 감축 부족분만큼 배출권을 구입하는 것이다. 하지만 이미 언급했듯이 2020년 배출량의 과소산정이 전력 부문만이 아니라 여타 부문에서도 동일하게 이루어졌다면 배출권 수요와 가격이 예상보다 높아질 가능성이 있다. 물론 전력다소비 산업의 불황과 부진이 매우 심각해진다면 배출권 가격상승이 크지 않을 수도 있다. 하지만 산업구조의 선진화를 위해 전력다소비 산업 문제를 장기적으로 고민하는 것은 필요하나 배출권가격 때문에 전력다소비 산업이 망하기를 기대할 수는 없는 노릇이다.

이처럼 현재 온실가스 감축계획은 배출량 전망에서 감축목표, 그리고 감축수단에 이르기까지 여러 가지 심각한 문제점을 안고 있다. 이를 지적한다고 해서 지구환경보전에 대한 책임을 포기하거나 한국경제의 저탄소화에 반대하는 것도 아니다. 현재 감축계획을 둘러싼 논란은 감축계획의 합리성 문제이지 감축 자체에 대한 반대는 아니기 때문이다. 이와 관련하여 온실가스 감축은 추상적인 가치지향이나 정치적 의욕만으로 되는 것이 아니라는 점을 인식하고 다음 두 가지 점을 유의할 필요가 있다.

첫째, 배출권거래제가 온실가스 감축을 최소의 비용으로 달성해 준다는 경제학 이론만 강조하기보다 배출권거래제가 제대로 작동할 수 없는 우리나라 현실, 특히 전력산업의 현실을 냉철하게 인식할 필요가 있다. 또한 현재의 감축계획으로 시장의 혼란이 발생한 이후에 사후적으로 대응하기보다 사전에 배출량 전망을 재검토하고 향후 5년간 실현가능한 감축목표를 세울 필요가 있다. 애초부터 지나치게 의욕적이라는 지적을 받았던 신재생에너지 보급계획이 유발하고 있는 혼선과 부작용은 이와 관련하여 좋은 반면교사(反面教師)가 될 것이다.

둘째, 저탄소 녹색경제에 대한 정치적 의욕이 넘치더라도 객관적 신뢰성이 생명인 국가의 실행계획에 주관적 희망사항을 담아서는 곤란하다. 언제부터인가 우리 사회에 정치적으로 '과대 포장된 녹색주의'가 등장해서 올바른 저탄소 경제로의 전환을 방해하고, 에너지 분야에 '저탄소 거품'을 유발하고 있다. 온실가스 감축계획을 비롯하여 저탄소 녹색성장이란 이름하에 결정된 많은 에너지계획과 정책이 그러하다. 이제는 온실가스 감축계획을 포함한 에너지계획과 정책에서도 '비정상의 정상화'를 생각할 시점이 아닐까?

유명한 고전인 맹자(孟子)에 우리가 익히 알고 있는 조장(助長), 즉 '발묘조장(拔苗助長)'에 얽힌 고사가 나온다. 송나라의 한 농부가 벼를 빨리 자라게 할 욕심으로 묘를 조금씩 위로 뽑는 바람에 묘가 말라 농사 자체를 그르쳤다는 얘기다. 저탄소 경제 역시 마찬가지다. 완고한 반환경주의만이 아니라 성급한 친환경주의도 저탄소 경제의 장애요인이 될 수 있다. 온실가스 감축목표 역시 합리적으로 '조정'해야지 인위적으로 '조장'해서는 곤란하다.

『전기저널』 425호, 2014.

제3부

에너지세제와 전기요금

: 바로잡기

미리 보기

제3부는 생태적 뉴딜과 온실가스 감축에서 제일 중요한 에너지와 전력문제에 관한 글을 모은 것으로 우리나라 에너지와 전력문제에 접근할 경우 이론적이고 당위적 접근보다 한국 상황에 부응하는 현실적이고 실사구시적 접근이 중요하다는 점을 강조한 내용이다. 물론 생태적 뉴딜의 핵심으로서 탄소세나 배출권거래제 등과 같은 새로운 제도의 도입은 필요하다. 우리나라도 2010년대 초반에 탄소세와 배출권거래제 도입이 논의되었고, 그 중에서 배출권거래제는 이미 도입된 바 있다.

당시에 저자는 탄소세의 취지는 이해하지만 우리나라 에너지 상대가격 구조상 도입은 시기상조이며, 탄소세 도입이 오히려 생태적 뉴딜과 온실가스 감축에 역행한다는 '탄소세의 역설'을 주장한 바 있다. 배출권거래제 역시 우리나라 전력부문의 특수성으로 인해 핵심부문인 전력시장에 전혀 작동하지 않는다는 의견을 개진한 바 있다. 제2부의 온실가스 감축계획에 대한 우려와 마찬가지로 독자들의 오해를 피하기 위해 이에 대한 간략한 배경설명을 해두고자 한다.

우선, 우리나라 전력부문은 오랜 기간 다른 OECD 국가에서 찾아볼 수 없을 만큼 매우 특이한 상대가격 및 시장구조를 지니고 있었다. 에너지부존 여건이 특이한 극소수 나라(수력 풍부 등)를 제외하고 모든 나라에서 전력은 모든 에너지 중에서 열량 단위로 환산한 가격이 가장 비싸다. 이는 전력이 다른 에너지를 연소하여 얻은 열량으로 생산한 2차 에너지이기 때문이다. 옷이 옷감보다 비싸고 즉석밥이 쌀보다 비싼 것과 같은 이치다.

하지만 우리나라는 오랜 기간 전기요금이 석유와 가스와 유사하거나 더 낮은 수준이었다. 그 이유는 크게 두 가지다. 첫째, 우리나라의 에너지세제는 세수확보를 위해 수송용과 난방용(석유와 가스)에 집중하였고, 발전용 연료(원자력과 석탄)는 낮은 전기요금을 위해 거의 면세로 운용하고 여러 가지 숨은 비용도 발전 원가에 제대로 반영하지 않았다. 둘째, 유류는 원가를 반영하는 시장체제로 운영되었지만, 전기요금은 판매독점으로 인한 정부 통제로 매우 낮게 유지되었다. 이와 같은 에너지세제 및 시장구조로 인해 우리나라에서는 가장 비싸야 할 전력이 제일 저렴한 에너지가 된 것이다.

이런 상황에서 2000년대 후반 이후 고유가 상황이 되자 전력과 다른 에너지간의 가격격차는 더 벌어지기 시작하였고, 소비자들은 비싼 석유나 가스를 저렴한 전력으로 대체하기 시작하였다(이른바 '전력의 유류 대체'). 이것이 2010년대 초중반에 전력대란을 유발한 요인 중 하나였다. 석유나 가스 등 유류를 사용하여 2차 에너지인 전력을 생산하는 효율이 50%에 불과하기 때문에 전력의 유류 대체는 같은 양의 열이나 난방을 위해 연료 소비는 물론 이산화탄소 배출도 2배로 증가하는 결과를 초래하였다. 이런 상태에서 탄소세를 도입하면 유류가격은 더 상승하고 전기요금은 전술한 구조로 인해 미미한 상승 혹은 요금 동결로 통제되어 전력의 유류 대체가 가속화되어 이산화탄소 배출만 더 늘어난다(세제정책과 전기요금정책 간의 부조화로 인한 '탄소세의 역설').

시장메카니즘에 의지하는 배출권거래제 도입도 그 한계가 명확하였다. 온실가스 감축계획상 배출허용총량이 현실적으로 산정되어야 할 뿐만 아니라, 전력부문의 경우 배출권비용이 발전원가에 포함되어 발전원간의 경쟁력(이른바 급전순위)이 달라지고 모든 배출권 비용이 최종적으로 전기요금에 반영되어야 한다. 전력의 도매 및 소매시장의 비용과 요금이 정부에 의해 모두 통제되어 '전력시장 자체'가 존재하지 않는 상황에서 시장기반의 배출권거래제 도입은 현실적으로나 이론적으로 어불성설이다. 이는 도입 이후 최근까지 배출권거래제가 전력부문에는 제대로 작동하지 않고 있다는 점에서도 확인할 수 있다. 그럼에도 최근에는 그 보완책으로 전력부문에 직접 총량규제를 병행할 예정이어서 난맥상의 상황이 되고 있다. 온실가스 감축정책에서 큰 장애요인은 새로운 제도의 미도입이라기 보다 이들이 기존 제도나 수단들과 서로 조화를 이루지 못하는 '정책 부조화(policy misalignment)'에 있다는 점을 명심할 필요가 있다.

제3부의 전반부(1~6)는 이러한 문제의식 하에서 탄소세나 배출권거래제 도입에 선행하여 우리나라 전력의 상대가격 개선을 위한 '에너지세제와 전기요금의 통합조정'을 강조하고 이를 위한 에너지세제의 개편방향을 언급한 글들이다. 그 핵심은 온실가스 감축을 위한 정책수단간의 조정으로 주요 내용은 다음 3가지다. 첫째, 오랜 기간 세수확보 수단으로 운용된 에너지세제에 환경성 및 안전성 기준을 가미하여 에너지 정책수단으로서의 성격을 강화해야 한다. 둘째, 전력의 상대가격 개선을 위해 수송용이나 난방용보다 발전용 연료세제 강화에 우선순위를 두고, 난방용 유류세는 오히려 인하해야 한다.

셋째, 발전용 세제에서는 발전용 가스의 세제 부담을 줄이고, 면세 혹은 거의 면세 수준인 원전과 석탄에 대해서는 환경세까지는 아니더라도 형평성 차원에서 발전용 가스와 동일한 수준의 과세는 해야 한다.

한편 후반부(7~12)는 전력의 상대가격 개선을 전제로 하면서도 전기요금 자체에 대해 쓴 글들이다. 주된 내용은 다음 3가지다. 첫째, 전기요금을 최소한 원가를 보장하는 수준으로 현실화하고, 전력소비자들간의 교차보조를 해소하는 전기요금제도, 즉 전압별 · 계시별 · 지역별 요금체계로 전환해야 한다. 둘째, 전기요금에 포함되어 있지 않는 환경비용이나 숨은 비용을 반영해야 한다. 셋째, 정부가 전기요금을 직접 통제하는 한 생태적 뉴딜과 온실가스 감축은 어렵거나 더디게 진행되기 때문에 중장기적으로 전력부문의 시장기능을 활성화하는 시장 및 산업구조 개혁이 필요하며 이에 앞서 단기적으로는 에너지세제와 전기요금 결정의 거버넌스라도 개선해야 한다.

수록된 글 이후에 다행히도 에너지세제와 전기요금에 적지 않은 개선조치가 있었다. 세제의 경우, 등유와 가스의 세제는 인하되었고 거의 면세 수준이었던 발전용 석탄에 과세가 이루어졌다. 전기요금의 경우, 주택용 누진제 요금이 개선되었고 연료비 연동제가 도입되었다. 이러한 개선이 바람직한 것이기는 하지만 개선 과제는 여전히 남아 있다. 특히 에너지 정책수단으로 에너지세제의 재정립, 환경성 및 안전성을 반영하는 에너지세제의 전반적 개편, 면세 혜택을 누리고 있는 원전에 대한 과세, 전기요금제도의 전반적인 개편, 에너지정책의 거버넌스 개선과 중장기 시장 및 산업구조 개혁은 미완의 과제다.

물론 에너지세제와 전기요금은 정치적으로 민감한 문제고 단기간에 급격하게 조정하기 어렵다. 하지만 온실가스 감축에서 전력부문이 핵심이라는 점은 감안한다면, '뉴딜'이란 이름에 부합하게 사회적 합의를 거쳐 중장기 로드맵이라도 수립하여 순차적으로 추진할 필요가 있다. 또 하나 지난 십여년간의 에너지세제와 전기요금의 논의과정에서 나타난 바와 같이 에너지문제에 대한 과도한 '진영논리'와 '정치과잉'도 지양할 필요가 있다. 한국의 현실은 간과한 채 화석연료라는 이유로 등유와 가스 세제 인하에 반대한다거나, 우리나라 전력부문에 제대로 작동하지 않는 배출거래제 도입을 강행한 것은 단적인 사례다. 전기요금은 에너지세제보다 더 첩첩산중이다. '부자감세'라는 이상한 정치논리 때문에 누진제 요금 하나 개선하는 데에 거의 20년, 그것도 100년 만의 더위가 와야 겨우 가능한 대한민국에서 어쩌면 탄소세와 배출권거래제는 '정치적 호사(豪奢)'나 '제도적 사족(蛇足)'일지 모른다.

생태경제학이 철학적 기반으로 삼고 있는 철학자 화이트헤드(A. Whitehead)는 '추상적 개념이 갖는 위험성을 항상 경계해야 한다'고 경고한 바 있다. 추상적 개념을 아무런 고민 없이 그대로 현실에 적용할 경우 '잘못된 구체성의 오류(fallacy of misplaced concreteness)'를 유발하기 때문이다. 더구나 감축계획의 실현 가능성에 우려를 표시하고 탄소세와 배출권거래제 도입에 의문을 제기하면 소극적이고 무책임한 집단으로 치부하는 '진영논리'와 '정치공세'가 얼핏 보기에는 적극적이고 책임있는 자세로 보일지 모르지만, 장기적으로는 오히려 생태적 뉴딜과 온실가스 감축의 보이지 않는 장애가 될 가능성이 높다.

01

중장기 관점에서 본 에너지세제의 개선과제

최근 석유가격 상승으로 인해 에너지세제에 대한 관심이 높아지고 있다. 에너지세제가 석유가격의 상당 부분을 차지하는데다가 수송용 중심의 제2차 에너지세제 조정에 이어 난방용 에너지세제 문제가 새롭게 부각되고 있기 때문이다. 수송용 세제조정 등을 통해 일부 개선되기는 했지만, 전체적으로 볼 때 우리나라 에너지세제는 여전히 에너지정책 자체보다 정부의 세수확보, 국민의 생활물가, 산업체의 경쟁력이라는 차원에서 논의되고 있다. 세계 에너지 수급과 기후변화협약 문제를 감안해 볼 때, 앞으로의 에너지세제 논의는 에너지정책이란 본래적인 차원에서 조망해 볼 필요가 있다. 이를 위해서는 우선 에너지세제에 대한 인식상의 대전환이 필요하다.

첫째, 에너지를 전량 해외에 의존하는 한국으로서는 에너지 수요관리 및 에너지 믹스를 위한 국가에너지계획이 매우 중요한데, 에너지세제는 이러한 국가에너지계획의 핵심수단이다. 에너지세제가 더 이상 세수확보나 물가수준 나아가 산업경쟁력의 종속변수가 아니라, 국가에너지계획을 위한 독립적인 정책수단으로 설정되어야 하며 기존의 목적들은 이러한 기본설정 위에서 고려되어야 한다.

둘째, 전 세계적으로 에너지세제 정책은 환경세 중심의 지속가능한 에너지체제를 지향하고 있다는 점이다. 기후변화협약과 포스트-교토 문제가 어떻게 귀결되든지 우리나라의 이산화탄소에 대한 감축 문제는 피해갈 수 없기 때문에 우리나라 에너지세제 역시 환경성과 여타 사회적 환경비용을 반영하는 방향으로 나갈 수밖에 없다.

이러한 세제에 대한 인식 전환을 토대로 우리나라 에너지세제의 중장기 개선과제를 설정할 필요가 있다. 이를 조세체계, 정책체계, 추진체계의 3측면으로 나누어 살펴보면 다음과 같다. 첫째, '조세체계'의 문제로서 에너지세입과 세출구조의 문제이다. 세입의 측면에서 볼 때 대부분 OECD 국가들이 단순한 과세체계로 운용하는 것에 비해 우리나라는 부가가치세와 개별소비세 이외에 교통세, 교육세, 지방주행세 등 여러 가지 목적제가 상이한 목적하에 부과되고 있다. 목적세 중심의 복잡한 과세체계는 재정운영의 경직성은 물론 징수의 효율성과 형평성을 저해한다. 아울러 목적세 중심의 과세체계는 에너지와 무관한 특정정책의 목적을 위해 해당 세율을 변동시킴으로써 장기적이고 일관된 에너지세제의 방향설정을 저해하는 측면이 있다.

에너지의 세입 못지않게 중요한 것이 세출구조의 문제이다. 특히 교통세의 경우 10조 원대의 세수(국세의 10% 수준)가 거의 교통시설 특별회계로 편입되어 도로건설, 철도, 항만건설 등에 사용되고 있다. 원활한 경제활동을 위해 사회간접자본과 물류시스템의 안정적인 구축은 필요하다. 하지만 부처의 이해관계나 지역적 이해관계가 아닌 경제적 효율성과 사회공익적 관점에 입각한 도로 투자가 이루어지고 있는지 보다 면밀하게 검토할 필요가 있다. 아울러 동북아 물류 중심을 내세우고 있는 투 포트 시스템(부산항-광양항) 역시 현실적이고 효율적인 투자인지 엄밀한 재검토가 필요하다. 브라에스의 역설이 강조하듯이 교통물류 문제의 궁극적인 해결은 시설확충을 넘어 교통수요 관리와 물류시스템의 효율화에 의해서 가능하다는 점을 명심할 필요가 있다.

세수지출의 경제적 효율성만이 아니라 형평성과 환경성에도 문제가 있다. 오염원인 행위를 근거로 징수된 세수가 환경개선이나 에너지 분야에는 사용되지 않고, 또 다시 도로 건설과 같은 오염원인 행위에 투자된다는 것은 형평성이나 환경성에 부합하지 않는다. 물론 최근 부처 간 협의에 의해 교통세의 극히 일부를 에너지와 환경 쪽으로 사용하기로 하였지만, 세출구조의 개선이라는 긍정적인 측면보다 부처 간 협의에 의한 목적세 유지라는 의혹을 낳고 있다.

둘째, '정책체계'의 문제로서 세제정책과 요금정책 간의 괴리문제이다. 현재 에너지세제는 정부에 의해 직·간접으로 결정되는 에너지요금(특히 전기 및 가스요금)과의 관련성을 고려하지 않고 별개로 운용되고 있다. 등유세제 인상으로 인한 연탄 및 심야전기 수요촉발이 연탄생산의 보조금문제, 전기부하의 왜곡을 심화시키고 있는 것은 그 단적인 예이다.

셋째, '추진체계'의 문제로서 현재 에너지세제와 요금 제도가 부처 간 충분한 협의와 장기적 계획 없이 해당 부처의 이해관계에 의해 운용되고 있다는 점이다. 기획예산처는 예산효율화만 생각하고, 재경부는 세수문제만 생각하고, 산업자원부는 산업경쟁력만 생각하고, 환경부는 환경만 생각하는 시스템하에서 에너지세제 정책은 일관성을 갖추기 어렵다. 에너지 세입과 세출문제 나아가 종합적인 에너지세제 및 요금제도의 중장기 방향을 설정하기 위한 정부 부처 간 협의

장치가 절실하다.

이러한 중장기 개선과제를 염두에 두면서 시급한 당면과제부터 해결해 나갈 필요가 있다. 우선 가장 시급한 현안은 난방용 에너지의 세제조정이다. 등유세제가 경유세제 인상과 연동됨에 따라 농촌과 도시 서민들의 난방비 부담이 가중되고 있다. 난방용 등유는 수송용 경유에 비해 환경오염이나 사회적 혼잡비용이 덜 하다는 점에서 등유 세제를 경유 세제와 연동시키는 것은 불합리하다. 형평성 차원에서는 더 큰 문제가 야기되고 있는데, 도시가스나 지역난방 등을 통해 사실상 교차보조와 간접 지원을 받고 있는 대도시 중산층에 비해 등유나 LPG를 사용하는 농촌이나 도시 서민들이 더 많은 난방비와 세제를 부담하고 있다. 더구나 등유세제 인상으로 인한 연탄 수요 및 심야전기 수요증가는 연탄 보조금 문제와 발전설비의 왜곡으로 경제적 효율성마저 저해하고 있다.

등유세제가 인하되지 않는 이유는 크게 두 가지이다. 하나는 세수 부족에 대한 우려이고, 보다 결정적인 이유는 등유의 경유 전용문제이다. 등유세제 인하로 발생하는 1조 원도 되지 않는 세수 손실은 비효율적인 조세감면제도(20조 원의 세수감면)의 5%만 없애도 해결 가능하며, 금융소득 종합과세나 부동산 보유세를 강화해도 가능하다. 세수 손실을 언급하기 전에 부동산의 폭등으로 내 집 마련의 꿈이 사라져 버린 서민들에게 최소한 전셋집에서나마 따뜻하게 지내게 해 줄 필요가 있다.

나아가 전용방지에 대한 대안이 없다고 해서 하층 서민들의 난방비 부담을 묵인하는 것도 정당하지 않다. 유사한 상황의 외국 사례를 보더라도 수송용 경유 문제 때문에 서민들의 난방유 비용부담을 강요하는 나라는 없다. 노상단속을 강화하거나 혹은 난방용 등유구입 가구에 대한 세금환급제도(상한금액 적용) 등 다양한 제도를 적극 고민할 필요가 있다. 설령 이러한 제도적 장치 실행에 사회적 비용이 든다 하더라도, 이는 사회 전체가 부담해야 할 성격이다.

따라서 난방용 세제조정의 기본방향은 등유 세제를 인하하면서 열량단위와 환경부담을 고려하여 등유, LPG, 도시가스(LNG) 간의 형평성을 조율하는 방식으로 진행해야 한다. 다만 수송용 세제의 조정이 난방용 세제문제를 야기한 우를 되풀이하지 않기 위해서 LNG가 발전용으로도 사용되고 있다는 점을 감안할 필요가 있다. 복합화력(LNG)이 유연탄이나 중유발전에 비해 환경성이 뛰어남에도 불구하고, 면세 혹은 거의 면세수준의 유연탄 및 중유에 비해 특소세 부담을 안고 있기 때문이다. 따라서 난방용 세제조정에 앞서 발전용의 도시가스에 대한 교차보조를 해소하여 도시가스 가격상승과 발전용 LNG 가격인하를 선행하고, 발전용 LNG의 특소세와 유사하게 유연탄이나 중유에 대해 과세를 강화하여 전력 부문에서 환경성을 차지하고라도 최소한 발전원간 공정경쟁이라도 보장해야 한다.

특히 이산화탄소 발생과 환경오염에 가장 큰 문제를 야기하는 유연탄이 면세인 것은 환경성과 발전원 간의 공정경쟁의 측면에서 문제가 있다. 또한 중유는 석유류에서 가장 환경에 유해하지만 세금은 거의 면세 수준이다. 중유가격의 저위, 낮은 산업용 전기요금(주택용의 교차보조와 원가 이하의 심야전기)이 방만한 에너지 소비와 낮은 에너지효율의 원인이며, 나아가 소형 열병합과 같은 에너지 효율적인 시스템을 산업용이 아닌 공동주택용으로 왜곡시킨 주된 요인이라는 점을 인식할 필요가 있다.

산업의 경쟁력저하나 전기요금의 상승을 우려하여 유연탄에 대한 과세나 중유의 세율인상을 주저한다면 오히려 장기적인 산업경쟁력을 약화시키는 우를 범하게 될 가능성이 높다. 산업경쟁력을 잠식하는 것은 방만한 에너지 소비구조 속에서 무방비 상태로 갑작스러운 에너지가격의 폭등에 노출되는 것이다. 또 전기요금의 상승에 따른 최하층 서민들의 부담은 쿠폰이나 기타 직접적인 지원제도를 통해 대응하면 될 것이다. 에너지집약도가 높은 우리나라에서는 기후변화협약 때문이 아니라 국가경쟁력 강화를 위해서도 에너지 효율을 높여야 하며, 세제 조정을 통한 점진적인 가격상승은 수요관리 프로그램의 활성화와 에너지 효율개선의 가장 효과적인 수단이다.

물론 이상에서 제기한 문제가 그리 단순한 문제는 아니다. 에너지간의 교차보조가 얽혀 있고, 복잡한 정치적 이해관계가 맞물려 있는 민감한 사안임에 분명하다. 하지만 복잡하고 민감한 사안이란 이유로 주저하기에는 현재 에너지 시스템 전체의 왜곡과 부작용이 너무 심각하다. 문제가 복잡할수록 해법은 의외로 간단할 수 있다. 지금 우리에게 필요한 것은 무성한 논의와 눈치 보기가 아니라 복잡한 '고르디아스의 매듭'을 단칼에 베어 버린 알렉산더 대왕의 결단력이다. 최근 국가에너지위원회가 출범하였다. 앞에서 언급한 에너지세제의 개선과제야말로 국가에너지위원회가 관심을 집중해야 할 중요한 안건이다. 「에너지비전 2030」의 화려한 구상도 에너지세제의 근본적인 전환 없이는 불가능하다는 점을 국가에너지위원회는 냉철하게 직시할 필요가 있다.

〈투데이에너지〉, 2007.1.3.

02 '거위의 깃털'과 에너지세제의 국민부담

고통을 최소화하면서 거위의 깃털을 뽑는다는 '거위의 깃털론' 비유로 거센 후폭풍을 맞았던 증세론이 국정감사 기간에 또 다시 뜨거운 쟁점으로 부각되었다. 여야 간에 열띤 공방이 오갔지만 여당이든 야당이든 내심 '증세 없이 복지 없다'는 점에는 모두 동의할 것이다. 굳이 경제학 이론을 거론할 필요 없이 우리나라의 조세부담률, 즉 GDP에서 조세수입이 차지하는 비율이 OECD 평균보다 낮다는 현실을 보더라도 복지확대를 위한 증세는 불가피하다. 또 그 과정에서 국민들의 고통을 최소화해야 한다는 것도 맞는 말이다.

그럼에도 증세에 대한 후폭풍이 거센 이유는 이를 바라보는 국민들의 두 가지 심정, 현재의 세금부담이 공정하지 않은 상태에서 세금을 더 내야 한다는 '불만', 그리고 설령 세금을 더 낸다고 그것이 피부에 와닿는 복지로 되돌아올 것인가에 대한 '불신' 때문일 것이다. 여기에 이전 정부가 부자 감세로 논란을 유발하였고, 줄어든 세금마저 토목사업에 쏟아 부었다는 것이 이러한 불만과 불신을 더욱 자극했을 것이다.

그 와중에 정부는 원자력과 유연탄에 대한 과세 등 에너지세제 개편을 고민하고 있다. 더구나 에너지 부문에는 온실가스 감축을 위한 탄소세 도입과 같은 또 다른 증세 요인도 있다. 둘 다 필요하고 바람직하지만, 이 역시 에너지세제에 대한 국민의 불만과 불신을 해소하지 않으면 또 다른 논란을 유발할 가능성이 높다.

우선, 에너지세제에 대한 불만부터 살펴보자. 첫째, 에너지 세수와 여타 세수 간의 공정성 문제다. 우리나라가 OECD 국가에 비해 조세부담률은 낮지만, GDP에서 에너지세수가 차지하는 비율은 높은 편이다. 석유 한 방울 나지 않는 나라에서 높은 에너지 과세를 통해 에너지 절약을 유도하고 재정 수입을 확보하는 것 자체가 잘못되었다는 것은 아니다. 하지만 소득세나 법인세 등 다른 세수의 증대 없이 에너지 세수의 증대만 이루어진다면, 사회적 논란은 커질 수밖에 없다. 더구나 에너지세제는 소득세나 법인세와 달리 과세 부담의 역진성이 강한 조세다.

둘째, 에너지세제 내부의 공정성 문제다. 정부가 그동안 면세 혜택을 주었던 원자력과 유연탄의 과세를 검토하는 것이 공정과세의 측면에서 매우 바람직하다. 다만 에너지세수 부담을 경감하고 불필요한 증세 논란을 피하기 위해 이에 상응하는 유류세 인하가 필요하다. 이는 유류가격을 낮추어 전력대란을 유발하는 유류 소비의 전력 대체 현상을 방지하기 위해서도 필요하다.

휘발유, 경유, LPG, CNG(압축천연가스) 등 수송용 에너지에 부과되는 과세 기준도 문제다. 과거의 연료별 대기오염 배출에 기초한 과세 기준이 최근 10여 년간 연료별 품질 개선과 엔진 기술변화를 제대로 반영하지 않고 있다. 친환경자동차와 관련하여 특정 차량과 연료에 대한 편중지원 역시 논란거리다. 수송용 과세기준의 재평가는 연료 간의 부담 공정성 문제를 넘어서 국내 자동차 산업의 측면에서도 매우 중요한 문제다.

한편, 에너지세제에 대한 국민의 불신은 어떤가? 그동안 정부는 연간 10조 원이 넘는 수송용 유류세의 대부분을 에너지 절약이 아니라 에너지 소비를 유발하는 도로건설에 지출하였다. 최근 고유가로 인해 에너지 빈곤가구가 전체 가구의 10%에 근접할 정도로 급증하고 있다. 이제는 정부가 에너지세수로 뽑은 '거위의 깃털'로 도로를 건설하기보다 동절기 추위에 떠는 서민들에게 에너지복지라는 따뜻한 '다운재킷'을 만들어 줄 때가 되었다. 정부가 공정하게 깃털을 뽑고, 그 깃털을 서민들의 피부에 와닿는 복지로 되돌려 줄 때, 복지 증세를 둘러싼 국민의 불만과 불신은 해소될 수 있을 것이다.

〈조선일보〉, 2013.11.16.

03

에너지세제 개편의 우선순위

: 수송용인가, 발전용인가?

얼마 전 미세먼지 대책의 일환으로 제기된 경유 등 수송용 유류세제 개편이 우여곡절 끝에 공청회를 제대로 거치기 전에 없던 일로 되었다. 그럼에도 여전히 경유를 비롯한 수송용 유류에 대한 세율을 인상해야 한다는 의견이 많고, 심지어 경유차를 퇴출하고 그 대신 전기차를 보급하자는 제안도 있다. 경유 등 수송용 유류가 미세먼지와 같은 환경오염을 유발하기 때문에 운행 억제와 오염 저감을 위해 세율 인상이 필요하다는 주장은 그 자체로 일리가 있다.

하지만 수송용 유류를 포함하여 에너지 전체를 놓고 과세 문제를 따져보면 수송용 과세가 에너지세제 개편의 핵심이자 최우선 과제인 것 같지는 않다. 그 이유는 다음 두 가지다. 첫째, 정부 발표에 따르면 수송용 세제 특히 경유세율을 인상하더라도 미세먼지 저감효과가 생각보다 크지 않다. 미세먼지는 경유 승용차보다 건설기계(불도저, 굴삭기), 대형 화물차 등이 압도적으로 많은 양을 배출하며, 이들 차량은 세율 인상으로 가격이 오르더라도 운행을 줄이거나 전기차로 대체하기 어렵다. 더구나 미세먼지 유발이 가장 큰 화물차에 대해서는 주어진 세율을 상당 부분 감면하여 운용하고 있어서 경유세율의 인상논리 자체가 매우 궁색하다.

둘째, 지금까지 연구결과에 따르면 미세먼지는 경유차보다 석탄 발전소가 더 많이 유발한다. 미세먼지 등 환경오염에 대한 비용부담 차원이라면 경유보다 오히려 석탄의 세율인상이 더 타당하다. 더구나 현재 수송용 유류는 여러 가지 세목(교통에너지환경세, 주행세, 개별소비세, 교육세 등)으로 적지 않은 세금을 부담하고 있다. 우리나라 최종에너지소비(나프타 등 원료 제외)에서 수송용 유류와 전력이 차지하는 비중은 거의 비슷하다. 하지만 수송용 유류는 에너지 관련 세수(2016년 기준 약 27조)의 85%를 부담하는 반면 이보다 더 많은 환경 부담을 유발하는 발전용 연료는 약 10%만 부담하고 있다. 미세먼지 등 대기오염 배출이 많은 석탄의 경우 최근의 세율 인상에도 여전히 과세가 미흡한 수준이고, 원전 연료인 우라늄은 어떤 세금도 부담하지 않는 면세 혜택을 받고 있다.

물론 수송용 유류는 수송 활동에 국한되어 있어 있고, 전력은 모든 경제 활동에 사용되는 에너지이기 때문에 대부분의 나라에서 산업 활동과 물가 안정을 위해 수송용 유류보다 발전용 연료에 더 낮은 과세하는 것이 일반적이다. 하지만 우리나라의 경우 석탄과 우라늄 등 발전용 연료에 대한 세제 우대와 면세 조치로 전력요금이 OECD 국가에 비해 매우 낮게 유지되어 왔다. 이로 인해 과거 고유가 시기에 공장, 사무실, 가정에서 최고급의 에너지인 전력을 유류 대신 공정열과 난방에 사용하는 비효율적인 전력소비가 발생했고, 이제는 취사(인덕션)와 자동차(전기차)까지 전력을 사용하는 상황이 되었다. 일부에서 경유차의 대안으로 자주 언급하는 전기차도 미세먼지를 유발하는 석탄발전에 의해 충전되는 한 '석탄차'이지 친환경차로 보기 어렵다.

이렇게 우리나라는 세제 우대와 면세로 인해 저평가된 전력요금이 우리 경제 수준에 비해 과도한 전력수요를 유발하고 이를 저렴한 비용으로 공급하기 위해 원전이나 석탄발전을 확대하는 방식을 반복해 왔다. 이것이 바로 최근 '탈원전/탈석탄' 논란을 유발한 배후 요인이기도 하다.

앞으로 우리나라가 안전하고 친환경적인 전력시스템으로 전환하기 위해서는 전기소비를 절약하면서 원전과 석탄발전을 점진적으로 축소할 필요가 있다. 이러한 변화를 유도하기 위해서는 경유 등 수송용 유류보다 과도한 환경부담을 유발하면서도 세제우대를 받아 온 발전용 연료에 과세하는 것이 바람직하다. '경유세' 논란보다 '탈원전, 탈석탄' 논란이 더 큰 사회적 반향을 유발하고 있듯이 에너지세제 개편 역시 수송용보다 발전용이 더 중요하다. 우리나라 에너지 패러다임의 전환과 혁신이란 측면에서도 후자의 중요성은 전자에 비할 바가 아니다.

〈한국일보〉, 2017.10.8.

04

에너지 전력화와 난방용 세제인하 문제

최근 몇 년간 우리나라 에너지문제에서 가장 큰 이슈로 부상한 것이 바로 전력수급 문제이다. 수년 전부터 피크부족에 대한 우려가 있었고, 급기야 작년에 순환정전까지 겪은 바 있다. 앞으로도 몇 년 동안은 긴장의 끈을 늦출 수 없을 정도로 상황이 좋지 않다. 그동안 발전소 건설취소 등 공급상 다소 문제가 있기는 했지만, 수급위기의 기본 원인은 공급 측면이라기보다 수요예측의 측면에 있다고 판단된다. 수요예측상 오류에는 전력수요 관리목표를 다소 의욕적으로 책정한 탓도 있지만, 최근 들어 급속하게 진행된 유류의 전기로의 전환, 즉 에너지의 전력화 추세를 충분히 감안하지 못한 것도 그 요인 중 하나이다.

물론 유류에서 전기로의 전환이 어제 오늘의 일은 아니다. 이미 2000년대 초반에 농촌지역 중심으로 심야전기난방이 확산되면서 난방용 등유가 전기로 대거 전환된 적이 있다. 수년 전부터는 도시지역 중심으로 시스템 에어컨과 전기온풍기가 확산되면서 난방연료가 전기로 전환되었고, 최근에는 산업용 열수요도 유류에서 전기로 전환되는 현상이 나타나고 있다. 최근 동절기의 피크부하가 하절기의 피크부하보다 높게 나타나고, 겨울철 수급위기가 여름철보다 더 심각하게 된 것도 이러한 에너지의 전력화와 무관하지 않다.

이러한 에너지의 전력화로 에너지용 유류소비는 지속적으로 줄어들고 있으며, 얼핏 보기에 이것이 탈석유의 바람직한 추세로 보일 수 있다. 만약 에너지효율이 높아지면서 경제적이고 효율적인 소비를 통해 석유소비가 줄어든다면, 이는 국가에너지수급의 측면에서 바람직한 일이다. 하지만 최근 에너지의 전력화 추세는 그와 정반대의 성격이고, 전력수급의 측면에서 심각한 부작용마저 예상된다.

첫째, 전력수급의 불안정성이 가속화될 가능성이 있다. 에너지의 전력화로 전력수요가 증가하더라도 이에 상응하는 공급여건이 충분하다면 문제가 되지 않는다. 하지만 송전망이나 발전설비의 입지문제 등 전력의 공급여건은 점점 어려워질 가능성이 높다.

둘째, 경제적으로 연료낭비가 심해지고 에너지효율이 저하된다. 유류와 같은 1차 에너지로 열과 난방수요를 충당하면 될 것을 굳이 전기로 전환하여 약 50%의 열량손실을 거쳐 다시 열로 활용하게 되면 결과적으로 동일한 열량을 얻는 데 2배 정도의 연료가 드는 셈이다. 그만큼 경제적 비용이 추가되고 에너지효율은 저하되는 것이다.

셋째, 사회적 갈등이 더 심해질 가능성이 있다. 에너지의 전력화에 따른 전력수요 증가가 대부분 수도권과 대도시에서 이루어지기 때문에 이에 부응하기 위해서는 더 많은 발전소와 송전망이 필요하다. 하지만 이로 인해 발전소와 송전망 입지를 둘러싼 갈등 그리고 전력소비지인 수도권과 발전지역인 비수도권 간의 지역 간 형평성 문제가 심화될 가능성이 있다.

넷째, 환경의 측면에서 에너지의 전력화는 이산화탄소의 추가배출을 유발한다. 전술한 바와 같이 열수요나 난방에 전기를 이용하면 같은 열량을 얻더라도 유류를 직접 사용하는 것보다 효율이 저하되고 이산화탄소는 두 배 이상 배출된다.

이러한 우려와 부작용에도 불구하고 에너지의 전력화가 지속되는 이유는 무엇일까? 이는 고유가의 영향도 있지만 정부의 세제 및 요금정책이 '유류가격과 전기요금 간의 상대가격'을 왜곡시켰기 때문이다. 즉 유류가격은 고유가로 인해 상승하는 데 비해 전기는 원전과 석탄발전에 대한 세재우대와 인위적인 전기요금 통제로 매우 낮게 유지되었다. 정부가 수요자에게 전기는 싸게 해줄테니 유류보다 전기를 더 사용하라는 신호를 보낸 셈이다. 예컨대 2000년대 초반 심야전기난방의 확산은 당시 등유 세제인상으로 인한 등유가격 상승과 원가이하의 저렴한 심야전기 간의 상대가격 격차에 기인한 것이었고, 최근 도시지역의 에너지의 전력화 현상 역시 고유가에도 불구하고 일반용 및 산업용 전기요금은 발전용 세제우대와 요금통제로 유류대비 상대가격이 하락하였기 때문이다.

그러면 앞으로 에너지의 전력화에 어떻게 대응하는 것이 좋은가? 기본적으로 유류세제 따로, 전기요금 따로가 아니라 유류가격과 전기요금을 통합적으로 조율할 필요가 있다. 물론 유류가격은 민간기업이 주도하는 시장에서 결정되고, 전기요금 등은 정부가 결정하는 규제체계하에 놓여 있기 때문에 양자 간의 조율이 그리 쉬운 일은 아니다. 더구나 우리나라 세제정책은 세수확보에 치중하는 경향이 있고, 전기요금은 물가안정이나 산업체 지원에 치중하는 경향이 있다. 이들 목표가 여전히 중요하기는 하지만 문제해결을 위해서는 세제와 요금 모두 에너지정책의 관점에서 통합적으로 접근할 필요가 있다.

이를 위해선 먼저 전기요금제도의 대대적인 개편이 필요하다. 첫째, 전기요금 체계의 경우 차등 논란을 유발하는 용도별 전기요금체계를 시장원가 중심의 전압별 요금체계로 전환할 필요가 있다. 둘째, 전력원가에 대한 객관적인 재검토를 통해 현재 발전원가에 포함되어 있지 않은 비용과 보조금을 전력원가에 포함시킬 필요가 있다. 송전망과 관련된 비용도 상당히 발생하고 있으나 전력원가에 충분히 반영되지 못하고 있다. 셋째, 전기요금을 정치적 상황에 따라 정부가 인상 여부와 정도를 결정할 것이 아니라 객관적인 요금결정 원칙을 수립하여 이에 따라 결정되도록 전기요금 결정의 거버넌스를 개선할 필요가 있다. 그렇지 않으면 정부가 물가안정, 산업체 지원 등을 이유로 끊임없이 전기요금에 개입하여 요금을 왜곡시킬 가능성이 높다.

전기요금제도의 개편과 아울러 유류세제의 개편도 필요하다. 첫째, 열과 난방용 유류에 대한 세수는 전기요금이 정상화될 때까지 낮게 운용하여 유류가격과 전기요금 간의 격차를 줄일 필요가 있다. 재정상 세수확보 문제로 여의치 않다면 동절기만이라도 면세하여 에너지의 전력화에 대응할 필요가 있다. 특히 고가의 등유 난방은 가스배관이 어려운 지역의 중하위계층이 많이 사용하기 때문에 동절기 면세는 난방비 형평성 차원에서도 필요하다.

둘째, 발전용 연료의 세제개편이 필요하다. 특히 이산화탄소와 대기오염물질을 가장 많이 배출하는 발전용 유연탄에 세금이 전혀 부과되지 않고 있다. 난방용 세수인하에 해당하는 만큼 유연탄에 과세하면 안정적인 세수확보, 유류가격 인하, 전기요금 상승이라는 일석삼조의 효과를 통해 유류와 전기 간의 상대가격을 개선할 수 있다.

에너지의 전력화는 소득증가에 수반되는 자연스러운 현상이다. 하지만 우리나라 에너지의 전력화는 그 정도나 속도가 다른 나라에서 유례를 찾기 어려울 정도이다. 이로 인해 에너지수급의 불안정성은 물론 에너지효율 저하와 온실가스 추가배출 등 여러 가지 부작용이 우려된다. 이러한 상황에서는 유류세제와 전기요금제도의 개편을 통해 열 수요 및 냉난방에서 유류의 적정한 역할을 부여할 필요가 있다. 물론 세제와 요금제도 개편이 말처럼 그리 쉬운 일은 아니다. 하지만 이에 대한 개선이 어렵다면 안정적인 저탄소의 에너지수급체계 구축 역시 힘든 과제가 될 것이다.

『석유와 에너지』 가을호, 2012.

05

심야전력 문제
: '아킬레스 건'과 '고르디아스의 매듭'

현재 우리나라에서 가장 심각하고 시급한 에너지문제를 딱 한 개만 꼽으라고 한다면, 필자는 주저하지 않고 심야전력문제라고 답한다. 그 이유는 두 가지이다. 하나는 '돈의 문제'이고, 다른 하나는 '신뢰의 문제'이다. 먼저, 돈의 문제를 보자. 난방은 전기와 같은 2차 에너지가 아니라 1차 에너지로 하는 것이 에너지효율도 좋고 경제적이다. 하지만 현재 심야전기난방은 비싼 복합화력과 중유설비로 발전한 전기를 이용하는 셈이어서 등유난방에 비해 엄청난 수입연료 낭비와 이산화탄소 배출증가를 유발하고 있다. 이로 인한 경제적 손실은 전기요금의 교차보조를 통해 일반소비자의 부담으로 충당되고 있다. 그 뿐만 아니라 심야전력은 동절기 LNG 수급압박을 통해 국가에너지 수급체계를 불안하게 만들고, 나아가 전기부하 왜곡을 통해 우리나라 장기 전원구성까지 왜곡하고 있다.

경제학을 전공하는 필자의 입장에서는 당연히 심야전력으로 인한 국민경제적 손실 문제나 국가에너지 수급왜곡에 거품을 물어야겠지만, 필자는 오히려 경제적 손실보다 정책의 신뢰손상을 더 심각하게 생각한다. 이는 유가상승이라는 대외적인 변수도 작용하였지만, 심야전력문제가 기본적으로 우리나라 세제(등유세제)와 전기요금(심야전기요금) 간의 정책조율 실패에 기인하기 때문이다. 물론 정부가 열심히 정책을 하다 보면 본의 아니게 과오가 발생할 수 있고, 이로 인해 국민들이 경제적 손실을 볼 수도 있다. 이에 대해서는 아마 대다수 국민들이 너그럽게 이해하고 경우에 따라서는 따뜻한 격려까지 보낼 것이다.

하지만 정책과오가 입증되었고 이로 인한 많은 손실이 발생하고 있음에도 불구하고, 정부가 이에 대한 근본적인 해결책을 모색하지 않는 것은 매우 안타까운 일이다. 이는 경제적 손실을 뛰어넘어 정책의 신뢰상실 나아가 정책과오에 대한 정부의 자정능력까지 의심하게 한다. 경제적 손실은 돈으로 메우면 되지만, 불신의 문제는 돈으로 해결되지 않는다. 필자가 심야전력의 경제적 손실보다 정책의 신뢰손상을 더 심각하게 생각하는 이유이다. 더구나 현 정부의 정책 1순위가 '저탄소 녹색성장', 녹색뉴딜의 대명사가 '그린 홈(Green Home)' 정책이 아닌가? 고탄소 반녹색적인 '심야전기주택의 그린 홈화'는 하지 않고, '저탄소 녹색성장'과 '그린 홈 100만호' 정책이 시장의 신뢰를 받을 수 있을까?

최근 에너지 수입가격의 상승으로 인한 전기요금 인상논의가 조금씩 흘러나온다. 수입연료비 상승문제를 포함하여 전기요금의 왜곡문제와 교차보조 문제 등 전기요금 조정이 필요한 것은 사실이다. 아마 이 과정에서 심야전력문제도 그 연장선상에서 취급될 가능성이 높다. 하지만 심야전기요금은 일반 전기요금과 다른 두 가지 특수성이 있음에 유의해야 한다. 하나는 심야전기난방이 등유세제와 심야전기요금의 왜곡으로 인해 등유난방을 대신하여 급속히 보급되었다는 점이다. 다른 하나는 심야전기 수용가들이 저렴한 연료비(저렴한 심야전기)라는 정책요금을 믿고, 이미 많은 돈을 심야전력설비에 투자를 해놓은 상태라는 점이다. 이는 심야전력문제가 단순히 전기요금 문제를 넘어 가스, 등유, 전기 등 난방비 형평성 문제, 그리고 기존 수용가의 설비투자 손실 문제와 맞물려 있음을 의미한다.

그럼에도 불구하고 정부가 문제의 복잡성을 고려하지 않고, 이를 단순한 전기요금 문제로만 접근해서는 곤란하다. 이에 따른 정부의 고민과 고충을 이해하지 못하는 바는 아니다. 그렇다고 이런 단순접근만 답습하면, 심야전력의 국민경제적 손실이나 난방비 형평성 등 국가에너지문제의 중대 현안은 해결하지 못하면서, 자신의 정책실패 부담을 일반전기 소비자와 기존 설비수용가에게 전가하는 결과만 초래한다.

그러면 심야전력문제에 대한 올바른 해결책은 무엇일까? 여러 가지의 해결책들이 가능할 것이다. 그 중의 하나가 바로 난방비 형평성을 위한 난방용 세제 및 전기요금 간의 통합조정 프로그램을 구축하고, 이를 전제로 기존의 설비수용가들이 설비투자 손실 없이 다른 난방방식(등유 혹은 신재생에너지)으로 전환하도록 지원프로그램을 마련하는 일이다. 이를 위해 정부가 해결해야 할 몇 가지 난관과 애로는 있을 것이다. 하지만 정부의 결자해지(結者解之)의 자세 없이는 심야전력문제의 근본적인 해결은 어렵다.

조만간 정부는 전기요금 인상이란 칼을 빼어들 가능성이 높다. 이 과정에서 정부가 심야전력 문제를 전기요금 문제로만 접근하여 자신의 발목인 '아킬레스 건'에 또 다시 상처를 낼 것인지, 아니면 전기요금을 포함한 포괄적 접근으로 자신의 발목을 휘감고 있는 '고르디아스의 매듭'을 과감히 잘라낼 것인지 그 귀추가 주목된다. 이는 단순히 심야전력문제가 유발하고 있는 국민경제적 손실을 줄일 것인가 말 것인가의 문제만은 아니다. 정부가 '아킬레스 건' 부상으로 정책신뢰 구축을 위한 첫 걸음도 못 걸을지, 아니면 과감히 '매듭'을 잘라내고 질주할 것인지의 문제이기도 하다. 이제 칼자루는 정부의 손에 쥐어져 있다. 정부가 문제해결과 신뢰회복을 위해 결단하면, 모든 국민들이 문제해결에 힘과 지혜를 모아줄 것이다.

〈전기위원회 웹진〉 73호, 2009.4.

06

겨울철 전력대란

: '요란한 호들갑'과 '답답한 침묵'

지난 여름, 무더위로 전력대란을 걱정하는 목소리가 많았지만 다행히 큰 사고 없이 넘겼다. 하지만 다가올 겨울이 더 걱정이다. 최근 우리나라는 여름철보다 겨울철 전기소비량이 더 많고 전력 피크도 더 높다. 발전소 1기 건설에 수년이 걸리는 만큼 당장 코앞에 닥친 전력 부족은 공장과 사무실, 상가, 가정에서 최대한 절약하고 정부가 비상대책을 제대로 운용하는 것 이외에 뾰족한 대책이 없다. 예고된 위기는 위기가 아니라는 말을 믿고 이번 겨울철 전력대란도 무사히 넘기기를 기원할 뿐이다.

겨울철 전력대란 자체도 문제지만 그것이 매년 되풀이되는 일회성 행사로 인식된다는 점이 더욱 큰 문제다. 언제부터인지 겨울철 전력대란은 찬바람이 불면 연말특집 정기세일처럼 반짝 등장했다가 사라지는 일회성 이벤트가 되어 버렸다. 전력 부족에 대한 우려와 경고가 나쁘다는 것은 아니다. 하지만 이제는 겨울철 전력대란의 원인을 짚어보고, 궁극적인 처방을 모색해야 할 때가 아닐까?

고온다습한 여름 기후를 가진 우리나라에서 겨울철 전력 수요가 여름철보다 더 높다는 것 자체가 이례적이다. 냉방은 전기로 할 수밖에 없지만 난방을 전기로 하는 경우는 거의 없기 때문이다. 그럼에도 불구하고 지난 수년간 우리나라에서는 동절기 난방연료나 산업체의 열원(熱源)이 유류에서 전기로 바뀌고 있다. 그 이면에는 우리나라 에너지 가격정책, 즉 유류세제와 전기요금 문제가 숨어 있다.

그동안 정부는 세수 확보를 위해 유류세제는 가능한 한 높게, 물가 안정과 산업체 지원을 위해 전기요금은 가능한 한 낮게 유지하는 정책을 펴왔다. 고유가로 발전연료비가 대폭 상승했음에도 전기요금은 지난 몇 년간 계속 원가 이하로 억제해 왔다. 일부 산업용 전기요금이나 밤 시간대 전기요금은 수십 년간 원가 이하로 운용했다. 이런 상황에서 고유가가 진행되자 전기요금이 유류가격보다 훨씬 더 저렴해졌고, 난방연료나 산업용 열원이 유류 대신 값싼 전기로 몰리는 '전력쏠림' 현상이 나타난 것이다. 사계절 중 가장 낮았던 겨울철 전력 수요가 지난 10년간 폭발적으로 증가하여 다른 계절을 압도하면서, 동절기 전력대란이 발생한 것이다.

전기요금보다 유류가격이 불리해진 것은 고유가 때문에 어쩔 수 없는 현상이 아닌가 하는 생각을 할 수 있다. 하지만 우리와 여건이 비슷한 일본 등 경제협력개발기구(OECD) 국가들에서는 이런 일이 발생하지 않았다. 대부분의 나라에서 전기를 난방연료나 산업용 열원으로 사용한다는 것은 엄두조차 내지 못한다. 전기가 모든 에너지 중에서 가장 값비싼 에너지이기 때문이다. 이에 반해 우리나라는 모든 에너지원에서 전기가 가장 저렴하게 되어 버렸다.

문제는 이러한 전기쏠림 현상이 수요자 개인 차원에서는 합리적이고 경제적 선택일 수 있으나 사회 전체적으로 정반대의 결과를 초래한다는 것이다. 공장이나 사무실에서 전기로 난방을 하면, 국민 경제상 에너지 낭비 등 경제적 손실과 온실가스 추가 배출과 같은 어마어마한 사회적 비용이 발생한다. 발전과정에서 60% 이상의 열을 낭비하면서 화석연료를 전기로 전환한 뒤에, 그 전기를 다시 열로 바꾸어 사용하면 결과적으로 연료가 2배 이상 소요되고 온실가스도 그만큼 더 배출되기 때문이다.

매년 찬바람이 부는 시기가 되면 겨울철 전력대란을 걱정하는 목소리가 높아진다. 일부에서는 걱정을 넘어 겨울철 전력대란이 발생할 것처럼 호들갑을 떨기도 한다. 하지만 그 기간만 지나면 끝이다. 관심도 우려도 사라진다. 폭발적으로 증가하는 겨울철 전력수요 억제를 위해 전기요금과 에너지세제 등 에너지가격 구조를 어떻게 개선할 것인가에 대한 진지한 논의나 목소리도 없다. 필자가 겨울철 전력대란도 문제지만, 이를 다루는 사회분위기 역시 문제라고 보는 이유다. 겨울철 전력대란에 대해 '요란한 호들갑'으로 사전 경각심을 일깨우는 것도 중요하지만 더 중요한 것은 잘못된 가격정책에 대한 '답답한 침묵'을 깨는 것이 아닐까?

〈서울신문〉, 2012.10.23.

07

전기요금의 '정치'경제학
: 새로운 거버넌스의 필요성

▌전기요금의 '정치'경제학

이번 여름 무더위로 주택용 누진제 요금이 국민의 분노에 가까운 불만을 촉발하면서 누진제를 포함한 전기요금 문제가 민감한 정치 쟁점이 되었다. 유사 이래 전기요금 문제가 이렇게 전국적 이슈와 정치적 쟁점이 된 적은 일찍이 없었다. 아무리 중요한 문제라도 언론의 주목을 받고 정치적으로 이슈가 되어야 해결되는 게 우리 사회의 생리라는 점을 감안한다면 최근 전기요금의 정치쟁점화가 바람직하고 반가운 측면이 있다.

하지만 오랜 기간 누진제 요금제 등 전기요금의 왜곡이 해결되지 못했던 이유를 생각하면 다른 한편으로 우려되는 측면도 있다. 누진제 요금만이 아니라 우리 사회가 겪었던 전력수급 위기, 송전망 갈등, 원전과 석탄발전 문제 등 전력을 둘러싼 수많은 문제들이 결국 우리나라 전력요금 문제에 기인하고 그 중심에 바로 정부와 정치의 개입이 있었기 때문이다.

정부가 사실상 요금을 결정하는 구조하에서 전기요금 개편은 어느 정부에서든 정치적 기피대상이 될 수밖에 없다. 최근 논란이 된 누진제 문제도 부자감세라는 정치적 반대로 좌절되었고, 전기 요금이 공정한 원가가 아닌 정치적 논리로 결정되는 경우도 적지 않았다. 최근 전기요금의 정치쟁점화가 반갑기도 하지만 그 이상으로 우려되는 이유다. 그 구체적인 양상을 우리나라 전기요금 체계에 대한 간단한 검토를 통해 살펴보기로 하자.

▌전기요금의 적정성: 총괄원가의 수준 문제

우리나라 전력공급은 발전사가 '발전'한 전력을 단일판매사업자인 한전이 구입하여 '송배전' 과정을 거쳐 수요자에게 '판매'하는 구조다(공급비용 = 발전비용 + 송배전비용 + 판매비용). 이러한 공급비용에 투자에 대한 적정이윤(투자보수율)이 추가되어 총괄원가가 결정되고(총괄원가 = 공급비용 + 적정이윤), 그 총괄원가를 한전이 정부의 승인하에 각 요금별로 배분하여 회수한다. 따라서 전기요금 문제란 첫째, 총괄원가가 발전, 송배전, 판매과정에서 발생한 모든 형태의 비용을 제대로 반영하고 있는가의 문제(전기요금 수준의 적정성), 둘째, 결정된 총괄원가가 수요자에게 공정한 요금형태로 배분되었는가(전기요금 배분의 공정성)라는 문제로 요약된다.

먼저 전자부터 살펴보자. 이미 알려진 바와 같이 우리나라 전기요금은 다른 OECD 국가에 비해 아주 낮은 편이다. 우리나라 전력산업이 다른 나라에 비해 효율적이고 생산성이 좋아서 저렴한 측면도 있지만, 그보다는 요금산정의 기준이 되는 총괄원가 자체가 전력공급과 관련된 모든 비용을 제대로 반영하지 않고 여기에 정부의 보이지 않는 지원까지 더해졌기 때문이다. 이를 다시 3가지 측면으로 나누어 보면 다음과 같다.

첫째, 세제 요인으로 중과세를 부담하는 여타 연료와 달리 전력의 대부분을 담당하는 우라늄(원전)과 유연탄(석탄)은 오랜 기간 세제상 우대를 받았다. 원전의 연료는 지금도 면세고, 발전용 석탄은 오랜 면세 끝에 2년 전에 비로소 낮은 세율로 과세하였다. 이러한 세율 격차가 OECD 국가 중 유일하게 우리나라가 최고급 에너지인 전기가 가장 저렴한 에너지가 된 이유 중 하나다.

둘째, 발전 및 송전과정에서 발생하는 숨은 비용과 외부 비용이 전기요금에 충분히 반영되지 않았다. 원전과 석탄발전의 경우 건설단가를 낮추기 위해 단일 부지에 지나치게 많은 설비를 배치함으로써 여러 가지 갈등과 위험 비용을 유발하고 있다. 원전과 석탄발전에 필수적인 장거리 송전망 건설 및 운용으로 경제적 손실(불충분한 지가보상)과 외부비용(소음 및 건강피해, 갈등비용)도 발생하고 있다. 여기에 원전의 위험비용(보험료)은 매우 저평가되어 있고, 석탄 및 가스발전이 유발하는 외부비용(대기오염 및 이산화탄소 비용)도 공급원가에 제대로 반영되어 있지 않다.

셋째, 규제 요인으로 전기요금을 사실상 정부가 결정하는 상황에서 전기요금의 현실화는 산업 경쟁력과 물가 안정 등의 경제적 이유, 이에 따른 정치적 부담으로 늘 기피 대상이었다. 과거 고유가 시기에 발전 연료비는 급등했음에도 정부가 전기요금을 강력하게 통제했던 것은 그 단적인 사례다. 국민경제상 전기요금이 갖는 중요성을 인정하더라도 요금 왜곡이 만성화될 경우 심각한 부작용을 유발한다.

이상과 같은 요인으로 우리나라는 에너지 중에서 가장 비싸야 할 전력이 가장 값싼 에너지가 되어(즉 전력의 상대가격 왜곡) 비효율적인 전력수요 폭등, 전력설비 증설에 따른 사회적 갈등심화, 이산화탄소와 미세먼지 배출과 같은 환경상 부작용을 유발했고 급기야 2010년대 초중반에 전력수급 대란까지 겪었다.

▌전기요금의 공정성: 총괄원가의 배분문제

총괄원가의 수준만이 아니라 후자인 배분 역시 문제다. 전기요금은 총괄원가를 전력수요자의 소비특성, '사용 전압, 사용 시점, 사용 지역'에 따라 배분하여 산정하는 것이 가장 공정하고 바람직하다. 어떤 전압의 전기를 어느 계절/시간대에 어느 지역에서 소비하는가에 따라 요금을 책정하는 '전압별, 계절/시간별(부하형태), 지역별 요금체계'(이하 '전압별 요금체계'로 지칭)가 바로 그것이다. 일반적으로 사용하는 전압이 고압이고 전력수요가 적은 계절(연간)이나 시간(일간)대에 발전소 인근지역에서 소비할 경우, 각각 배전비용(변압 등), 발전비용, 송전비용이 적게 들기 때문에 해당 전기수요자의 요금은 낮게 책정된다.

하지만 우리나라 전기요금은 '소비 특성'에 따른 '전압별 요금체계'가 아니라 '소비 용도'(주택용. 일반용, 산업용 등)에 따른 '용도별 요금체계'가 기본이고 여기에 일부 전압 차이, 계절 및 시간대 차이를 가미하는 방식으로 되어 있다. 수요자의 사용 지역에 따른 비용 차이(제주 지역은 예외)는 전혀 반영되어 있지 않다. 예컨대 같은 전압의 전기를 동일한 형태로 같은 지역에서 소비하더라도 용도가 다르면 다른 요금이 부과되는 체계다. 더구나 총액이 정해진 총괄원가 내의 용도별 요금배분으로 소비자들 간의 교차보조가 발생하고 특정 요금을 내리면 그만큼 다른 용도의 요금을 올려야 하는 제로섬 형태의 정치 게임이 될 소지가 크다.

물론 용도별 요금체계가 무조건 나쁜 것은 아니다. 전력의 특수성을 고려하여 일부 용도의 수요자에게는 정책상 지원이나 사회적 배려가 필요한 경우도 있기 때문이다. 문제는 용도별 요금체계를 어느 범위까지 적용하고 어떤 수준으로 운용하는가라는 점이다. 사실 우리나라도 초기에는 전압별 요금체계였으나 박정희 정부하에서 수출주도 경제성장을 뒷받침하기 위해 용도별 요금체계로 전환하였고, 그 이후 정부는 이를 산업 및 사회정책의 수단으로 적극 활용했다. 용도별 요금체계에서는 정부가 특정 용도에 대한 요금 지원 등 정책 목표를 구현하기 용이하기 때문이다. 하지만 이러한 용도별 요금체계가 장기화되면서 여러 가지 부작용이 드러나기 시작했다.

우선, '용도별 요금 간의 교차보조 문제'로 정부가 산업체의 수출경쟁력 지원을 위해 최근 몇 년을 제외한 수십 년간 산업용 전기요금은 산업용 원가 이하로, 주택용 및 일반용 전기요금은 각각의 원가보다 높게 요금을 책정했다. 즉 주택용 및 일반용 전기소비자가 산업용의 요금을 지원하는 교차보조가 장기간 지속된 것이다(최근 산업용 요금 인상으로 지금은 그 반대가 되었을 것이다).

정부 통제하에 있는 단일 사업자인 한전으로서는 어느 용도에서 얼마를 받든지 총괄원가만 회수하면 되기 때문에 정부의 이러한 용도간 교차보조는 별 논란 없이 그대로 실현되었다. 그 결과 요금부담

능력이 낮은 가정이 그 반대인 산업체를 지원하고, 취약한 서비스업의 일반용 소비자가 상대적으로 기반이 탄탄한 제조업의 사업체를 지원하는 불합리한 요금체계가 수년 전까지 지속되었다.

둘째, '동일 용도 내의 교차보조 문제'로 같은 용도 내에서도 공정한 요금부담은 이루어지지 않았다. 최근 논란이 된 주택용 누진제는 그 대표적인 사례다. 누진제 도입시에 분배정책의 일환으로 가구당 소비량이 많아지면 요금부담이 급속히 증가하는 과도한 누진율을 적용하였기 때문이다. 하지만 최근 가구형태의 변화로 전력소비가 적은 1, 2인 가구가 전체 가구의 절반을 차지하고 이들 가구들 중에는 소득수준이 높은 가구들이 다수 존재하기 때문에 누진제 요금제가 이들 고소득 가구에게 요금보조를 하는 역진적인 효과를 유발하기도 한다. 상황이 어찌되었건 더운 여름이면 발생하는 누진제 요금폭탄은 바로 동일 용도 내 소비자들 간의 교차보조로 인해 유발된 문제다. 동일한 상품을 2배 가격을 받아도 바가지 폭리라고 비난받는 마당에 아무리 분배 목적이라도 해도 같은 원가의 전기를 약 12배 차이가 나도록 요금을 설계하는 것은 합리적이라고 보기 어렵다. 저소득층을 고려한 분배 목적이라면 소비자 간의 교차보조보다 고소득층의 세금부담을 높여 정부 재정에 기초한 에너지복지 확대로 접근하는 것이 바람직하다.

주택용만 아니라 산업용 내부에도 교차보조가 존재한다. 산업용의 경우 심야시간대의 요금은 지나치게 낮고 피크시간대의 요금을 지나치게 높게 책정되어 있다. 심야시간대의 전력소비를 유도하여 원전과 석탄발전의 확대 · 증설에 유리하도록 만든 정부 개입의 산물이다. 이는 곧 시간대별 교차보조, 즉 주간시간대에 공장을 가동하는 업체가 야간시간대를 포함하여 24시간 공장을 가동하는 업체를 보조하는 것으로 야간시간대의 낮은 요금으로 인한 혜택은 주로 대기업에게 돌아가는 경우가 많아 형평성 측면에서도 문제가 있다.

셋째, '지역 간 교차보조 문제'다. 전력공급의 대부분을 담당하는 원전 및 석탄 발전소는 지방에 있고 대규모 수요지는 수도권이기 때문에 이들 전기를 수도권으로 보내기 위한 대규모 송전망 건설이 지속되고 있다. 하지만 송전망의 건설 및 운용에 따른 피해보상은 충분하지 않아 지역주민에게 경제적 손실과 보이지 않는 외부비용을 유발하고 있다.

그럼에도 우리나라 전기요금은 전술한 바와 같이 '사용지역'에 따른 요금차등이 전혀 없는 전국 단일요금체계다. 사실상 지방의 전기소비자가 수도권 전기소비자에 대해 교차보조를 하는 셈이다. 이는 공급원가주의에 어긋날 뿐만 아니라 수도권과 지방 간의 심각한 불균형을 감안하면 공정한 요금체계도 아니다. 그럼에도 현재까지 지역별 요금차등이 도입되지 않은 것은 요금 책정에 시장원리를 도입하여 '보편적 서비스로서 전력의 공공성'을 해친다는 진보진영의 이상한 정치 논리 때문이다. 우리나라 전력수급 체제를 고려하면 송전비용의 차등을 고려한 지역별 요금제가 오히려 공공성을 강화하는 것이고, 원전 및 석탄발전의 대안으로서 분산형 전원의 활성화에도 도움이 된다.

전기요금의 중장기 개편과 정부개입 축소

이상 총괄원가의 수준과 배분에 대한 문제 진단에서 전기요금의 중장기 개편방향이 자연스럽게 도출이 된다. 첫째, 전기요금은 발전,

송배전 및 판매과정에서 발생하는 모든 숨은 비용과 외부비용을 반영하는 방향으로 개선해야 한다. 이를 위해서 우선 발전용 연료에 대해 공정하게 과세하고, 발전이나 송전이 유발하는 외부비용(위험 비용 및 오염 비용) 역시 세제와 부담금 형태로 전기요금에 반영해야 한다. 원전과 석탄이 유발하는 숨은 비용과 외부비용이 전기요금에 반영되면 소비 특성상 이와 관련성이 높은 산업체의 요금 부담이 상대적으로 더 커질 것이다.

둘째, '용도별 요금체계'를 '전압별 요금체계'로 전환해야 한다. 최근 전기요금이 그와 같은 방향으로 개선되고 있지만 아직도 용도별 요금구조가 남아 있어서 요금의 공정성 논란이 지속되고 있다. 다만 주택용의 경우 시간별 전력소비 측정이 가능한 스마트 계량기가 보급되어 있지 않기 때문에 당분간 현행 방식을 유지하되 과도한 누진율과 단계는 낮추는 방향으로 개편해야 한다. 이와 함께 주택용 누진제 1단계 구간의 요금은 너무 낮은 수준이기 때문에 점진적으로 현실화할 필요가 있다. 이로 인한 일부의 에너지빈곤층 부담은 에너지복지 제도의 강화로 대응하는 것이 바람직하다.

한편, 일반용과 산업용의 경우 용도구분 없이 동일한 전압을 사용하는 수요자는 전압별로 통합하고 스마트 계량기가 보급된 곳은 주간시간대와 야간시간대의 요금 격차를 축소하여 시간대별 교차보조를 최소화해야 한다. 이와 함께 중장기적으로 사용 지역에 따라 요금이 차등 부과되는 지역별 요금제 도입을 고려할 필요가 있다. 이렇게 중장기적으로 전력공급과 관련된 모든 숨은 비용과 외부비용을 전기요금에 반영하고 요금체계도 '전압별 요금체계'로 이행하게 되면 소비자 간의 교차보조에 따른 정치적 논란이 해소되고 친환경적이고 분권

화된 전력체제로의 이행에도 도움이 된다.

하지만 전기요금체계의 중장기 개편이 원활하게 이루어지기 위해서는 필요한 전제가 하나 있다. 전기요금에서 정부 개입 나아가 정치적 고려를 가능한 배제해야 한다. 지금까지 바람직한 전기요금 개편은 늘 정치적 이유로 좌절되거나 구현되지 않은 경우가 많았다. 최근 국민들의 불만을 유발했던 주택용 누진제 개편이 십 년 이상 표류한 것이나 지역 간 형평성과 분산형 발전의 활성화에 도움이 되는 지역 요금제 도입이 좌절된 것은 모두 부자감세와 전기의 공공성 훼손이라는 정치적 반대였다. 전기요금 인상이 산업체의 경쟁력과 경제성장에 부담된다는 이유로 원전과 석탄발전에 대한 불공정한 우대와 특혜를 지속한 것도 정부 개입의 산물이다.

그렇다고 정부나 정치가 전기요금 등 전력문제에 일체 관여하지 않아야 한다는 것은 아니다. 전력문제에서 정부가 해야 할 일과 하지 말아야 할 일을 구분하자는 뜻이다. 전력 부문에서 정부나 정치가 해야 할 일은 전기요금이 원가에 따라 공정한 방식으로 부과되고 있는지를 감시하고, 사고위험이나 환경을 고려한 안전한 저탄소 전력체제로의 전환에 노력하는 일이다. 그렇지 않고 지금과 같이 정부와 정치가 전기요금 하나 하나를 좌지우지하는 구조가 지속되는 한 합리적인 전기요금 개편과 이를 통한 효율적이고 지속가능한 전력체제로의 전환은 어렵다.

최근 누진제 요금개편 논란처럼 정치권이 과거의 입장을 손바닥 뒤집듯 바꾸면서 정치쟁점화하는 상황에서는 전기요금은커녕 누진제 자체의 합리적 개편도 쉽지 않다. 또한 사회적 여론에 편승하여 어떤 용도는 인상하고 어떤 용도는 인하해야 한다는 식의 제로섬

게임으로는 전기요금의 근본적인 개선을 기대하기 어렵다. 사공이 많으면 배가 산으로 간다는 말이 있다. 그나마 일관된 방향으로 노를 저으면 적어도 배가 산이라는 잘못된 방향으로 간다는 것은 예측할 수 있다. 하지만 사공들이 이전과 다른 방식으로 노를 젓기 시작하면 배가 어디로 가는지 가늠하기 어렵다. 최근 정치적 상황하에서 전기요금 개편을 가늠하기 어려운 이유도 바로 여기에 있다.

물론 정치권의 지대한 관심은 요금개편을 위한 중요한 계기이자 동력이다. 더구나 현재의 저유가 기조는 부담을 최소화하면서 요금체계를 근본적으로 혁신할 수 있는 최적의 상황이다. 지금은 긴 안목과 호흡으로 요금체계의 전환과 새로운 요금결정 거버넌스(독립적인 에너지 규제기구 등)를 고민할 때다. 정치적 고려도 이러한 원칙하에 수용해야 배가 방향을 잃고 표류하지 않는다.

〈프레시안〉, 2016.11.1.

08

주택용 전기요금

: 누진제 논란과 에너지복지 문제

2012년 올 여름은 짜증이 날 정도로 무더웠다. 그 폭염에 견디다 못해 에어컨을 자주 튼 가정은 지금 조마조마한 심정일 것이다. 이제 곧 열대야로 잠을 설쳤던 8월의 전기요금 고지서가 날아들기 때문이다. 무더위가 한 달의 시차를 두고 서늘함으로 바뀌는 순간이다.

가정용 전기요금은 사용량이 많아지면 요금이 큰 폭으로 증가하는 누진제다. 1970년대 석유파동에 대응하여 산업체의 생산 활동에 지장이 없도록 가정용 전기소비를 억제하기 위해 도입된 것이다. 여기에 당시 국민소득 천불 상황에서 전력소비가 많은 상위계층이 더 많은 요금을 부담하는 분배 목적까지 가미되었다. 가정용 요금의 누진 폭과 단계가 과도하게 확대된 이유다.

누진제 자체는 긍정적인 측면이 있다. 시대가 달라져도 전기 절약이나 저소득층 배려는 중요하기 때문이다. 문제는 그 정도와 방식이다. 현행 요금체계에서 최고 6단계(500kWh 이상)에 적용되는 요금은 최저 1단계(100kWh 이하)에 적용되는 요금의 11.7배이다. 외국의 2~3배 차이에 비해 너무 과도하고, 제도의 좋은 취지에 어울리지 않게 거의 징벌의 수준이다. 여름철이면 가정용 전기요금이 폭탄이 되는 이유다. 누진제의 취지는 유지하되 그 부작용을 축소하기 위해 요금의 증가폭과 단계를 다소 줄일 필요가 있다. 그 이유는 대략 3가지다.

첫째, 가전제품이나 전자기기의 보급 증가로 가구당 월평균 전력소비는 이전보다 크게 증가하였다. 월평균 200kWh 이상을 사용하는 가구가 전체 가구의 63%이고, 누진제로 부담이 가중되는 월 300~400kWh를 소비하는 가구는 그 절반인 30%다. 현재의 누진체계가 과거 전력소비 수준에 맞추어진 탓에 이들 계층은 에어컨을 조금이라도 가동하면 요금폭탄을 맞게 되어 있다.

둘째, 절전이라는 취지로 가정용에 지나친 부담을 지우는 것도 문제다. 절전에 관한 한 우리나라 가정은 모범생이다. 우리나라 가정의 1인당 전기소비량은 OECD 평균의 절반 수준이고, 전체 전력소비에서 차지하는 비중도 OECD 평균의 절반인 15%에 불과하다. 절약이라면 오히려 전체 소비의 55%를 차지하면서 최근 소비가 급증하고 있는 산업용 전기가 문제다.

셋째, 물론 누진제 완화가 전력소비가 적은 하위계층의 요금부담을 증가시키는 문제점은 있다. 하지만 최근 가구형태의 변화로 전기소비가 적은 가구와 저소득층 가구가 반드시 일치하는 것은 아니다. 기초생활수급자라도 월평균 200kWh 이상을 사용하는 경우가 많다. 반대로 이보다 전력소비가 낮은 가구 중에는 경제적 부담 능력이 있는 1인가구가 많다. 이 경우 누진제로 소득이 높은 1인가구가 오히려 요금보조를 받는 셈이다. 물론 전력소비가 적은 저소득층 가구도 여전히 있다. 누진제 완화에 따른 이들 가구의 부담증가는 직접 보조를 확대하는 방식이 바람직하다. 혜택도 크지 않고 수혜 대상도 불분명해진 누진요금제보다 차제에 국민소득 2만 불 시대에 부응하는 확실한 에너지복지 체계를 구축해야 한다.

21세기 한국은 더 이상 국민소득 천불 수준, 산업을 위해 가정의 절전이 강조되는 개발연대가 아니다. 소득 2만 불과 복지국가 시대에 절전도 중요하지만 대다수 국민의 무더위는 식히고 저소득층의 마음은 따뜻하게 해주는 것 역시 중요하다. 도대체 언제까지 견디기 힘든 무더위에 값비싼 에어컨을 인테리어 장식품으로 사용해야 하는가? 또 언제까지 변변한 에너지복지제도 없이 고유가로 힘들어 하는 저소득층의 고충에 애매한 누진제 혜택만 내세울 것인가? 우리를 진짜 답답하고 짜증나게 하는 것은 여름철 무더위가 아니라 오랜 기간 요금폭탄과 에너지복지에 제대로 대응하지 못하는 우리나라의 정치인지도 모른다.

〈경향신문〉, 2012.9.9.

09 주택용 누진제

: 전기요금 이렇게 바꾸자

2012년에 이어 올 여름의 살인적인 무더위로 누진제 전기요금 문제가 후끈 달아오르고 있다. 우리나라 가정용 전기요금은 사용량이 많아지면 요금폭탄처럼 큰 폭으로 증가하는 누진제이기 때문이다. 물론 누진제의 의도 자체는 나쁘지 않다. 사용량 증가에 따라 요금단가를 높여 전기 절약을 유도하고, '전기 사용량=소득수준'이란 전제하에 사용량이 많은 가구의 요금부담을 더 증가시키는 분배개선 효과까지 겸하고 있기 때문이다. '전기 요금'에 '전기 절약'과 '분배 개선'까지 가미한 이른바 '일석삼조(一石三鳥)'의 묘책인 셈이다. 하지만 정책의 의도가 좋다고 그 결과까지 항상 좋은 것은 아니다.

첫째, 요금제도로서 누진제는 요금책정의 상식에 부합하지 않고, 좋은 취지에 어울리지 않게 비싼 과태료 수준이다. 동일한 상품을 2배 가격으로 팔아도 바가지요금이라는 비난을 듣는 마당에 같은 전기를 단계별로 12배의 요금 차이가 나도록 한 것은 경제학의 차별가격이론의 측면에서도 이해하기 어렵고, 외국의 누진율 2~3배라는 현실에 비추어 봐도 과도하다.

둘째, 가정의 절전이 에너지를 전량 수입에 의존하는 우리나라 여건상 불가피한 선택이라고 할 수도 있다. 하지만 가정용 전기에만 가혹할 만큼 절전을 강제하는 것은 납득하기 어렵다. 절전에 관한 한 우리나라 가정은 경제협력개발기구(OECD) 국가들 중 단연 으뜸이다. 전체 수요에서 가정용 전력수요가 차지하는 비중은 OECD 평균인 30%의 절반에도 미치지 못하는 13%에 불과하다. 오히려 강도 높은 절전이 필요한 것은 전체 수요의 87%를 차지하는 일반용과 산업용이다. 그렇다고 가정의 절전을 무시하고 흥청망청 쓰자는 게 아니다. 절전도 국민의 건강권과 삶의 질과 병행할 때만 의미가 있다.

셋째, 분배 측면에서 누진제가 저소득 가구에게 엄청난 혜택을 주는 것도 아니다. 최근 가전제품과 전자기기가 보편화되어 기초생활수급자나 차상위층의 전력소비도 일반 가정의 평균 수준과 크게 차이가 나지 않는다. 반대로 가구구성의 변화로 전력소비가 적은 1, 2인 가구 중에는 경제적 부담능력이 높은 가구들이 많다. 이 경우 누진제는 애초 의도와 달리 이들에게 요금보조를 해주는 셈이다. 물론 전력소비가 적은 저소득 가구들도 있다. 이들 가구는 요금제도가 아니라 현재 시행 중인 '에너지 바우처'와 같은 복지제도로 접근하는 것이 바람직하다. 그 재원은 고소득층에게 전기요금보다 세금을 더 많이 받아 마련하는 것이 재정적으로 안정적이고 저소득층에 돌아가는 혜택도 더 클 것이다.

일찍이 노벨경제학상을 받은 바 있는 틴베르헌 교수는 '정책목표가 3개면 독립된 정책수단도 3개가 필요하다'는 유명한 말을 남긴 적이 있다. 전기요금 역시 마찬가지다. 지금의 누진제처럼 3가지의 목표를 하나의 수단으로 접근할 경우 '일석삼조'는커녕 요금제도라는 손에 잡은 새마저 놓칠 수 있다. 따라서 현재 누진제의 단계와 누진율을 다소 완화하여 요금책정의 합리성을 갖추고, 절전은 사용자의 절약 노력에 따른 보상 제도를 보완하는 것이 바람직하다. 그리고 무엇보다 중요한 것은 누진율 완화에 따른 저소득층 부담을 경감하기 위해 에너지복지제도를 강화하는 것이다. 차제에 우리도 저소득층을 위한 에너지복지제도를 제대로 마련할 필요가 있다. 이처럼 '일석삼조'가 아닌 하나의 돌로 한 마리의 새를 차근차근 잡아가는 '일석일조'의 방법이 대다수 국민들의 무더위는 식히고, 저소득층의 마음은 따뜻하게 하는 효과적이고 올바른 방법일 것이다.

〈국민일보〉, 2016.8.17.

10

주택용 전기요금 개편의 의미와 남은 과제들

최근 전기요금 개편으로 매년 여름철 요금폭탄 논란을 유발하였던 주택용 누진제 요금이 대폭 개선되었다. 1970년대 석유파동 때 도입된 이후 거의 40여 년 만의 개선이란 점에서 '만시지탄'이란 표현조차도 어울리지 않으나 어찌되었건 누진단계(6단계에서 3단계로 조정)와 누진폭(11.7배에서 3배로 축소)이 크게 축소된 것은 다행한 일이다. 이와 함께 찜통과 냉골교실의 논란을 초래한 교육용 요금도 하향 조정되었고, 기초생활수급자 등 저소득층에 대한 지원도 강화되었다.

하지만 애초에 들끓는 사회 여론의 열기에 부응하여 누진제 요금만이 아니라 모든 전기요금 체계를 전반적으로 검토하겠다는 선언에 비하면 이번 개편의 폭과 정도에 다소 아쉬운 점은 있다. 여야 간의 뜨거운 정치쟁점에서 출발한 까닭에 이번 개편작업이 '요금체계의 정치화'에서 완전히 자유로울 수 없었다는 불가피성을 인정하면서, '요금체계의 정상화'의 관점에서 이번 개편안의 의미와 향후 과제를 살펴보기로 하자.

우선, 이번 개편안의 가장 큰 의의는 주택용 소비자들이 여름철

냉방기 사용에 따른 경제적 부담을 줄이면서 무더위 속에서 쾌적한 삶을 누릴 수 있게 되었다는 점이다. 이에 대해 누진제의 완화로 고소득계층이 더 많은 혜택을 본다는 비판 그리고 누진제 완화에 따른 전기소비 증가로 저탄소 경제를 위한 전기절약에 역행한다는 비판이 있다. 이러한 비판이 우려하는 점은 충분히 이해하나, 전자의 경우 고소득 1, 2인 가구 증가 등의 가구형태 변화로 전기소비량과 소득수준이 반드시 비례하지 않는다는 점, 설령 전기를 많이 사용하는 고소득층이라고 해도 거의 11.7배 비싼 요금을 부과하는 것은 세계적으로 유례가 없다는 점을 감안할 필요가 있다. 분배 형평성이란 측면에서 보자면 고소득층에 대해서는 전기요금보다 세금을 높이는 것이 더 바람직하다. 또 누진제 완화가 전기소비 증가를 초래할 수 있으나 절약이라는 것도 삶의 질 개선과 병행할 때만 의미가 있다는 점에 유의할 필요가 있다. 전기절약을 유독 전기소비 전체의 13%에 불과한 주택용에만 강요하는 것도 문제가 있다. 더구나 이번 개편안에 일반 가정에서는 사용하기 어려운 1,000kWh 이상의 구간요금은 과거와 동일하게 유지하여 과도한 전력소비에 대한 절약 유인과 함께 페널티적 성격을 유지하였다.

물론 이번 누진제 개편에 긍정적인 측면만 있는 것은 아니다. 누진제의 정치쟁점화로 인해 각 정당에서 경쟁적으로 요금인하를 발표하는 바람에 주택용 평균요금이 낮아지는 방향으로 개편되었다. 그 결과 주택용 요금의 원가회수율이 여전히 100%를 넘지 못하고 있다는 점은 아쉬운 점이라고 할 수 있다. 특히 지나치게 낮은 요금으로 논란이 되었던 100kWh 이하의 요금이 단계 통합과정에서 외형상 인상되기는 했으나, 이에 따른 인상분 보전이 이루어져 여전히 저렴한 요금이란 문제가 남아 있다.

한편 이번 개편안이 결과적으로 주택용 누진제 중심으로 이루어지다 보니 일반용과 산업용 요금에 대한 개편은 거의 다루어지지 않았다. 일반용과 산업용이 우리나라 전기소비의 대부분을 차지한다는 점에서 아쉬운 점이 아닐 수 없다. 이와 관련하여 전기요금 개편의 남은 과제를 살펴보면 다음과 같다.

첫째, 주택용과 달리 일반용과 산업용은 현재 원가회수율이 100%를 상회하고 한전의 흑자도 발생하고 있어서 요금 인하의 요구가 높다. 이번 개편과정에서도 일부에서 요금인하 요구가 있었으나 반영되지는 않았다. 차후 개편과정에서도 일반용과 산업용 요금인하에 대해서는 신중할 필요가 있다고 생각된다. 그 이유는 현재 우리나라 전기요금에는 미처 반영되지 않은 숨은 비용과 대기오염 등 외부비용이 있기 때문이다. 또한 미세먼지와 온실가스 저감을 위한 저탄소 발전믹스로의 전환에 대비할 필요도 있다. 어느 쪽이든 간에 이를 반영할 경우 현재 일반용 및 산업용 요금수준을 그대로 유지해야 이로 인한 요금 인상요인을 흡수할 수 있기 때문이다. 그런 측면에서 당분간 일반용과 산업용의 평균요금 수준은 그대로 유지하되, 차기 정부에서 가능한 빠른 시일 내에 이와 관련된 중장기 전기요금 개편 방안을 마련할 필요가 있다.

둘째, 일반용과 산업용 요금은 용도별 요금이 아니라 전압별 계시별 요금체계로 통합할 필요가 있다. 물론 최근까지 그 방향으로 요금 개편이 진행되어 왔으나 아직 일부 요금에서 동일한 소비특성(전압 및 시간대)임에도 용도가 다르다는 이유로 서로 다른 요금이 부과되고 있다. 이러한 통합과정에서 일부 용도에 경제적 부담이 발생할 수 있으나 경과 규정 및 직접보조 수단을 동원하는 등 완충장치를 통해 요금을 통합할 필요가 있다. 장기적으로는 주택용도 여건이 구비되는 대로 전압별 계시별 요금제로 통합해 가는 것이 바람직하다.

셋째, 산업용 요금의 경우 시간대별 교차보조를 축소할 필요가 있다. 현재 산업용 경부하시간의 요금 수준은 너무 낮고 피크시간대의 요금 수준은 너무 높다. 이는 과거 설비부족에 대한 대비, 원전 및 석탄 등 기저발전의 가동률 제고라는 피크수요관리 목적이 과도하게 반영된 것으로 현재 시간대별 요금원가 체계에도 맞지 않다. 또한 이로 인해 주간시간대의 산업체와 야간시간을 포함한 24시간 가동하는 산업체 간의 시간대별 교차보조가 발생하고 있다. 따라서 피크시간대 요금은 인하하고 경부하시간대의 요금은 인상하는 것이 바람직하다.

넷째, 아직 전체 소비에서 차지하는 비중은 낮지만 최근 높은 증가율을 보이는 농사용 요금에 대해서도 중장기적 개선방안을 마련할 필요가 있다. 특히 농사용은 원가회수율이 거의 40%대에 불과할 정도로 너무 낮은 수준으로 농사용 요금 중 일부는 사실상 산업용에 가까운 것도 있어 이를 감안한 점진적인 개편안이 필요하다. 물론 어려운 우리나라 농업 여건을 감안해 볼 때 일부 농사용 전기에 대한 지원은 필요하다. 하지만 요금 자체를 낮게 해주는 것보다 직불제와 유사하게 직접보조 방식을 취하는 것이 농사용 전력의 효율적 사용을 유인한다는 점에서 바람직하다.

다섯째. 우리나라 전기요금은 소비지역에 따른 비용차이가 전혀 반영되지 않은 전국 단일요금체제(제주는 제외)이다. 최근 송전망 갈등 등 장거리 송전망에 따른 비용증가가 예상되는 만큼 발전소에서 멀리 떨어진 수요자들이 더 많은 송전 관련 비용을 부담하도록 지역별 차등을 두는 것이 형평성 차원은 물론 발전소 입지와 수도권 부하분산 측면에서도 바람직하다. 그 첫 단계로 현재 부과가 유예되어 있는 송전비용의 지역별 차등을 우선 반영하고 장기적으로 모선별 요금체제를 도입하는 방안을 검토할 필요가 있다.

끝으로 전기요금의 개편과 관련하여 무엇보다 중요한 것은 전기요금 결정이 과도하게 정치화되지 않도록 전기요금을 둘러싼 거버넌스를 개편하는 것이다. 정부가 요금결정에 직접적으로 개입하는 현행 방식에서는 전기요금이 항상 정치쟁점화되고 자칫하면 포퓰리즘으로 흐를 가능성이 크기 때문이다. 차제에 '독립적인 에너지규제기구'를 만들어 전기요금 등 모든 에너지가격에 대한 새로운 거버넌스를 구축하고 에너지시장의 공정한 감시역할도 겸하는 방안을 고려할 필요가 있다. 전기요금 결정은 단순히 경제적 차원을 넘어서 사회적 형평성 그리고 저탄소의 친환경이라는 사회적 합의가 무엇보다 중요한 영역이기 때문이다.

『석유와 에너지』 겨울호, 2016.

11

산업용 전기요금

: 온실가스 감축과 산업경쟁력 문제

최근 저유가 기조와 선거 상황으로 전력요금의 인하 요구가 제기되고 있다. 저유가로 발전연료 가격이 하락했으니 전력요금을 인하하는 것이 합당한 것으로 보일 수 있다. 또 우리나라 산업 여건 등 경제 상황이 좋지 않다는 점을 고려하면 인하 요구에 공감이 가는 측면도 있다.

그러나 '저유가 → 전력요금 인하 → 산업 경쟁력' 논리가 그 자체로 의미가 있으나 이러한 단선 논리만으로 전력요금 인하를 논의하기에는 우리나라 전력요금에 여러 가지 복잡한 사정이 있다. 산업용 요금을 중심으로 최근 전력요금이 인상되기는 했으나, 여전히 우리나라 전력요금은 발송배전이 유발하는 환경 비용과 사회적 비용 등을 제대로 반영하지 않고 있기 때문이다. 따라서 앞으로 우리나라 전력요금에 이러한 비용을 점진적으로 반영해나가야 하기 때문에 요금 인하는 적절한 선택이 아니다.

우선, 발전과정이 유발하는 이산화탄소 등 온실가스 감축비용을 점진적으로 전력요금에 반영할 필요가 있다. 특히 작년에 신기후체제가 출범하였고 향후 우리나라 전력산업이 직면한 최대의 과제가 온실가스 감축이라는 점을 감안한다면 배출권비용은 물론 온실가스 감축을 위한 저탄소 전원믹스 강화(가스발전 및 신재생에너지의 확대)에 필요한 비용을 요금에 반영할 필요가 있다. 이는 현재 전력시장의 왜곡으로 어려움을 겪고 있는 가스발전 및 신재생에너지 산업에도 도움이 되며, 수요자원의 활성화 등 현재 정부가 강력하게 추진하고 있는 에너지신산업 활성화에도 필수적이다.

송전과정에서 발생하는 여러가지 비용 역시 요금에 반영할 필요가 있다. 최근 밀양 송전망 갈등에서 알 수 있듯이 대규모 장거리 송전망이 유발하는 지가 손실, 소음 및 경관훼손 그리고 지역발전 저해 등의 사회적 비용이 전력요금에 제대로 반영되어 있지 않다. 특히 수도권 지역은 대규모 발전설비와 송전망이 입지한 지역주민의 희생을 통해 전력요금 혜택을 보고 있는 상황이다. 따라서 요금 인하보다 전술한 탄소비용 등 환경비용과 아울러 송전 관련 사회적 비용을 반영하여 지역 간에 차등 적용하는 요금체계 개편이 더 시급하고 절실한 과제다.

끝으로 전력요금을 인하하지 않고 이상의 비용을 반영하는 것이 소비자 특히 산업계에는 불만일 수가 있다. 하지만 우리나라 제조업의 원가에서 전력요금이 차지하는 비중은 평균 1% 내외에 불과하다. 물론 일부 전력다소비 산업이나 여건이 어려운 중소기업의 경우는 이보다 부담이 좀 더 크다. 바로 그렇기 때문에 현재의 저유가 시기를 이용하여 그동안 제대로 반영되지 않은 탄소 비용과 사회적 비용을 반영하여 전력요금 정상화가 유발할 충격에 대비할 필요가 있다. 그럼에도 단순히 저유가라는 이유로 현재의 전력요금을 인하하면 당장에는 약간의 이득이 될지 모르나 저탄소/고효율의 산업구조 개혁과 장기적인 산업경쟁력 제고의 기회를 상실하게 된다. 물론 전력요금 인하 대신 이와 유사한 효과를 볼 수 있는 전력산업기반기금의 요율을 낮추는 방안도 생각해 볼 수도 있다. 하지만 이 경우에도 전술한 비용 반영을 병행하여 전력요금 인하는 최대한 피하는 것이 바람직하다.

전력요금에는 정치적 비가역성이 있다. 내리는 것은 매우 쉽지만 내린 요금을 다시 올리는 것은 엄청난 정치적 저항에 직면한다. 시간상 비대칭성도 존재한다. 선거를 의식해서 요금을 내리면 당장은 달콤하고 박수 받을지 모르나, 미래 한국 경제의 온실가스 감축과 장기 경쟁력에는 독이 되고 후손의 원성을 살 수 있다.

〈한국경제신문〉, 2016.3.30.

12 산업용 경부하요금, 어떻게 할 것인가?

최근 에너지전환에 따른 전기요금 논쟁과 함께 산업용 경부하요금이 도마에 오르고 있다. 산업용 경부하요금이란 전력수요가 적은 밤 시간대(경부하) 요금을 저렴하게 하고 수요가 몰리는 낮 시간대(피크부하)의 요금은 비싸게 하여 산업용 전력수요를 밤 시간대로 유도하기 위한 것이다. 이는 전력공급자 입장에서 보자면 피크시간대 수요를 줄여 전력부족 가능성을 낮추고, 낮 시간대 비싼 발전기 대신 밤 시간대의 저렴한 원전이나 석탄발전의 가동률을 높이는 효과가 있다. 수요자의 입장에서도 조업 시간을 밤 시간대로 조정하면 그만큼 요금 부담을 줄일 수 있기 때문에 전력수급의 양 측면에서 필요한 요금 제도이다.

하지만 좋은 것도 과하면 문제가 되듯이 우리나라는 오랜 기간 그 취지를 과도하게 적용하여 경부하요금은 해당 시간의 공급원가보다 아주 낮게 책정하고 피크요금은 공급원가보다 더 높게 책정해 왔다. 그 결과 비싼 발전설비와 저렴한 발전설비 간 비용 차이가 2배를 넘지 않음에도 경부하요금과 피크요금 간에 최고 3.4배의 격차를 보이고 있다. 이러한 과도한 요금 격차는 다음과 같이 문제를 유발한다.

첫째, 밤 시간대의 산업용 전력소비를 필요 이상으로 늘이고 낮 시간대의 전력소비는 지나치게 줄이는 결과를 유발하게 된다. 여기에 최근 배터리(ESS) 보급지원까지 가세하여 비싼 배터리를 활용해서 밤 시간대에 저장한 전력을 낮 시간대에 사용하는 사례가 늘고 있다. 과도하게 벌어진 요금탓에 값비싼 배터리(ESS)의 경제성이 부풀려지고 이로 인한 과잉투자가 유발되고 있는 것이다. 물론 시간대별 요금 차이를 이용한 수요관리는 필요하다. 하지만 시간대별 전력요금이 '경제성' 원칙에 따라 원가대로 책정된 상황이어야 이에 따른 경제적 비효율성이 발생하지 않는다.

둘째, 과도한 요금격차로 인해 낮 시간대에 주로 전력을 사용하는 기업(원가 이상의 요금)이 밤 시간대에 전력을 많이 사용하는 기업(원가 이하의 요금)에게 요금을 보조하는 결과가 된다. 전자는 주로 중소기업이고 후자는 대부분 대기업이라는 점, 중소기업은 대기업과 달리 야간으로 조업시간의 이동이 매우 어렵다는 점을 감안하면 이러한 요금 격차는 '형평성'에 맞지 않고 최근 강조되고 있는 중소기업 육성 및 활성화 정책에도 역행한다.

셋째, 원가 이하의 저렴한 경부하요금은 밤 시간대의 수요 증가를 촉발하여 환경에 상대적으로 부담을 많이 주는 원전과 석탄발전을 촉진하는 결과를 초래한다. 이는 현재 과도하게 높아진 원전과 석탄 발전의 비중을 고려할 때 '환경성'의 측면에서 바람직하지 않고 최근 논의되고 있는 에너지전환에도 부합하지 않는다.

이상의 경제성, 형평성, 환경성의 측면에서 볼 때 산업용 경부하요금은 원가 수준으로 인상하고 반대로 피크요금은 하향 조정하여 정상화할 필요가 있다. 그렇게 한다고 낮 시간대의 전력부족이나 공급불안이 발생하는 것도 아니다. 최근 발전설비가 남아돌 만큼 여유가 있고, 일부 저탄소 발전설비들은 낮 시간대의 가동률 저하로 적자에 내몰린 상황이다.

물론 산업용 경부하요금이 정상화되면 밤 시간대에 전력소비가 많은 일부 기업들의 부담이 다소 증가할 것이다. 이들 기업은 이를 계기로 조업시간 정상화 및 야간근로 축소로 근무 환경을 개선하고, 여건이 허락되는 기업들은 차제에 전력을 스스로 만들어 사용하는 친환경 분산형 발전도 생각할 필요가 있다. 최근 전 세계 전력패러다임이 4차 산업혁명의 일환으로 친환경 자가발전이나 분산형 발전으로 급변하고 있고, 세계 유수의 대기업들이 앞다투어 친환경 전력사용을 선언하고 있는 시점에서 우리나라 기업도 친환경적인 자가발전을 통해 기업 이미지를 높이고 이와 관련된 새로운 사업경험을 축적할 필요가 있다. 요금 인상을 부담으로만 생각할 것이 아니라 전력 및 에너지에 대한 기업 차원의 발상 전환과 혁신적 해법을 도모할 시점이다.

〈한국경제신문〉, 2018.1.5.

제4부

원전문제와 에너지전환론

: 중심잡기

미리 보기

제4부는 전력 부문의 에너지전환과 관련하여 우리나라의 중장기 전원구성에 관한 글들을 추린 것이다. 특히 원전과 재생가능에너지를 둘러싼 전원구성 문제는 지난 십여 년 동안 가장 치열하게 정치적 공방이 이루어진 주제이기도 하다. 시기상으로 2000년대 초중반은 원전 확대를 필두로 경제성 중심의 기저설비(원전과 석탄발전)를 확대하는 기조였고, 2010년대 후반부터는 정반대로 탈원전이라는 슬로건 하에 환경성 중심의 재생에너지설비를 확대하는 기조였다.

이러한 배경하에 제4부의 글은 저탄소 녹색성장론의 '원전 올인'과 에너지전환론의 '탈원전'이라는 양 극단 속에서 중심을 잡아가기 위해 쓴 글로 구성되어 있다. 이러한 중심잡기가 필요하다고 생각한 이유는 크게 3가지다. 첫째, 안전한 저탄소의 전원으로의 전환이 미래의 방향이기는 하지만 진행은 점진적으로 추진해야 한다. 우리나라는 제3부에서 살펴본 바와 같이 저탄소 친환경적 전원으로 전환하는 데에 매우 불리하고 특이한 전력가격 및 시장구조를 지니고 있으며, 제조업중심의 전력다소비 경제구조이다. 또한 화석연료든 재생가능에너지든 에너지부존여건이 그리 좋은 편이 아닌 데다가 다른 나라와 계통이 연계되어 있지 않아 항상 비상상황에 대비하는 적절한 전원믹스와 안정적인 계통운영도 고려해야 한다. 더구나 발전설비 역시 수십 년의 설비수명을 지닌 고가의 장치이기 때문에 단기간 내의 가동

중지나 폐지에는 적지 않은 비용이 수반된다.

둘째, 전원구성의 변화는 발전설비와 관련된 산업의 생태계 조성과 같이 진행되는 것이 바람직하다. 전원구성의 변화와 관련설비 산업 간에 동반성장이 이루어져야 국내 산업 및 일자리 창출에도 유용하고 장기적으로 전원구성의 전환도 가속화시킬 수 있다. 전 세계적으로 저탄소 친환경 발전설비의 시장이 확대되고 있으며, 최근 전력산업의 새로운 기술은 4차 산업혁명과 연관된 분야가 많기 때문에 전원구성 변화와 관련 설비산업 간의 선순환과 기술혁신은 한국 경제의 생태적 전환은 물론 새로운 성장 동력의 확보에도 매우 중요하다. 하지만 우리나라는 오랜 기간 기저설비 중심의 저렴한 전기요금으로 인해 수요관리와 효율제고 산업은 물론 풍력이나 가스터빈 등 친환경 발전설비 산업이 매우 낙후되어 있다.

셋째, 전원구성의 전환을 제대로 수행하기 위해 특정 기간의 재생에너지 보급비율이나 온실가스 감축목표를 선언하는 것도 의미가 있지만 그보다 더 중요한 것은 그것이 구현될 수 있는 사회적 여건과 제도적 기반, 특히 전력산업 및 시장구조의 개혁이 더 중요하다. 전력산업 및 시장구조의 개혁이 이루어져야 이와 관련된 4차 산업혁명 관련 설비 및 기술의 시장 창출도 가속화된다.

제4부도 크게 전반부와 후반부로 구성되어 있으며 마지막(9)에 중심잡기의 종합판으로서 실사구시 전략에 대한 글이 하나 추가되어 있다. 우선 전반부(1~4)는 2010년대 초중반 원전과 석탄발전의 확대 기조에 대한 문제제기로서 당시 '원전 올인'에 가까운 정책 기조와 논리에 대한 비판적인 내용을 담고 있다. 상당 기간 원전과 석탄발전

의 일정한 역할이 필요하지만 당시의 원전과 석탄발전의 과도한 확대기조는 한국 경제의 생태적 전환은 물론 세계적 추세에도 부합하지 않다는 점을 지적한 것이다.

후반부(5~8)는 '탈원전'을 둘러싼 소모적인 논쟁과 석탄발전 축소 그리고 전력산업과 시장구조 개선의 중요성에 대한 글들이다. 2010년대 초중반의 기조, 즉 고립계통망을 고려하지 않은 원전 비중 60%라는 비현실적인 원전 확대나 2010년대 후반의 기조, 즉 미래의 불확실성을 고려하지 않고 정치적으로 선언된 탈원전 역시 생산적이지 않다. 석탄발전 역시 온실가스와 미세먼지 감축 차원에서 축소하는 것은 맞지만 우리나라의 고립계통망과 계통구성을 감안할 때 원전이든 석탄발전이든 일정비율의 기저설비는 유지하는 것이 수급 및 계통 안정성의 측면에서 필요하다.

우리나라 전원정책상 가장 큰 문제점은 정부가 바뀔 때마다 수년 사이에 전원구성 정책이 손바닥 뒤집히듯 급변한다는 점이다. 전술한 바와 같이 전원구성의 전환을 포함한 에너지전환은 정부주도의 계획이나 선언이 아니라 전력산업 및 시장구조의 개혁에 달려 있다. 전통적 뉴딜이 단순히 토목사업이 아니라 복지제도의 개혁으로 새로운 질서를 창출했듯이 안전한 저탄소 전력체제도 궁극적으로는 새로운 전력산업 및 시장구조에 의해 달성된다. 더구나 관념적인 공공성과 이상적인 환경성만 강조하고 국가주도의 계획과 공기업중심의 프로그램만 내세우는 우리나라 진영논리는 지속가능한 전력체제로의 전환에 그리 도움이 되지 않는다. 이런 의미에서 현재 전력 부문의 생태적 전환의 핵심은 '탈원전'이라기보다 '탈국가'라고 할 수 있다.

생태경제학의 창시자인 경제학자 댈리(H. Daly)는 환경문제 해결에서 무조건 시장에 맡기자는 입장과 무조건 시장을 거부하는 입장에 대해 시장을 '나쁜 주인(bad master)'이 아니라 '좋은 종복'(good servant)으로 활용해야 한다고 주장한 바 있다. '시장이 할 일'과 '국가가 할 일'을 정확히 구분하는 것, 그것은 온실가스 감축과 저탄소 친환경 전원으로의 전환에도 마찬가지다.

01

원전문제와 '세이의 법칙'

: 계획의 과잉과 시장의 과소

수년째 여름철이면 전력수요 피크로 정부와 관련 부처는 초비상 상태에 들어간다. 최근에는 전기난방이 확산된 탓에 겨울철 전력피크가 여름철을 앞질러 정전 위기로까지 내몰린 적도 있다. 시장경제에서 상품의 품귀나 재고누적은 일상적인 다반사고, 이 경우 주로 시장가격에 의해 조정이 이루어진다. 하지만 전력은 저장이 어렵고 발전소 건설에 수년이 걸리기 때문에 장기적으로 계획을 통해 대비하는 한편, 단기적으로도 수요변동에 따라 발전량을 항상 조정해야 한다. 다른 상품과 달리 전기는 수급이 일치하지 않으면 시장가격에 의한 조정이 아니라 계통붕괴라는 물리적 조정에 의해 대규모 정전사태가 유발되기 때문이다. 이런 측면에서 전력수급은 장기적으로나 단기적으로나 시장에만 의존하기 어려운 구석이 있다.

그렇다고 시장이 아닌 정부 계획이 항상 전력수급의 안정성을 보장하는 것도 아니다. 우리나라의 경우 정부가 전력수급계획을 주도했는데도 현재와 같이 설비부족 문제에 직면하고 있다. 지난 수십 년간의 상황을 보더라도 우리나라는 최대수요 대비 20% 안팎의 적정한 여유설비를 유지하지 못하고 때에 따라 60%라는 엄청난 과잉설비와 한 자릿수의 절박한 설비부족이라는 냉온탕을 오가고 있다. 이는 수요예측이나 설비투자 결정상 오류 등 여러 요인이 복합적으로 작용한 결과지만, 그 근저에는 바로 경직적인 설비 중심의 수급계획과 그 핵심으로서 원전 문제가 있다.

▌원전 과잉투자가 불러온 전력산업 왜곡

원전은 건설에만 10년이 걸리며 이후 발전(發電)과정에서도 수요변화에 따른 공급조절이 불가능하다. 이런 측면에서 원전은 장기수요의 불확실성이나 단기적인 수요변동에 대한 대응력 측면에서 매우 경직적인 설비다. 1980년대 이러한 원전의 과잉투자로 설비가 남아돌자 정부는 전기요금의 인하와 심야시간대 반값 세일로 수요확대에 나섰고, 이는 결국 전력다소비 산업을 키우고 필요 이상의 전기수요 증가를 불러왔다. 설상가상으로 최근 고유가하에서 전기요금이 억제되자 전기수요가 급증했고, 하절기와 동절기 피크 때는 모든 발전소를 동원해도 불안할 정도로 전기수요가 고공행진하고 있다. 이것이 바로 과잉과 부족이라는 극단을 오간 지난 수십 년간 정부 계획과 요금정책의 자화상이다.

이러한 상황에서 이명박정부는 온실가스 감축과 저탄소 녹색성장이라는 이름으로 또다시 대규모 원전 건설을 추진하고 있다. 그 계획대로라면 2030년 우리나라 발전량에서 원자력이 차지하는 비중은 60%가 되어 사실상 원전 '올인' 구조로 가게 된다. 원전설비가 정부의 요금규제

정책과 맞물려 필요 이상의 전기수요를 촉발하고, 이것이 다시 원전 건설의 빌미를 제공하고 있다. 경제학에서 이미 사망선고를 받은 이론, 즉 "공급은 그 스스로 수요를 창조한다"는 '세이의 법칙'(Say's law)이 한국에서 '원전판 세이의 법칙'으로 부활하고 있는 셈이다.

물론 원전이 필요하지 않다는 것은 아니다. 그동안 원전이 한국 경제에 기여한 측면을 부인하는 것은 더욱 아니다. 다만 값싼 전기의 공급을 통해 경제성장에 기여했지만 과도한 전기수요를 촉발한 계기 역시 원전이었다는 점을 함께 파악할 필요가 있다. 향후 수십만 년간 미래세대와 자연환경에 부담을 주는 원전폐기물이나 피해액을 가늠할 수 없는 최근의 후쿠시마 사태는 차치하더라도, 원전에 올인하면서 모든 전력수급 계획과 관련 산업을 이에 종속시키는 전략이 한국 경제의 미래에 유용한 것인지 다시 한번 생각할 필요가 있다.

공급 중심에서 수요관리로의 전환

온실가스 감축과 전력수급 안정성을 도모하기 위해서는 원전처럼 대규모의 경직적인 발전설비에 기초한 공급 중심적 사고에서 친환경적인 발전원 혼합에 기초한 수요 중심적 사고로 전환해야 한다. 우리나라의 전력계통을 생각한다면 원전 올인과 같은 경직적인 전원 구성이 아니라 적정 비율의 원전과 친환경적 발전원(신재생에너지, 가스발전, 청정석탄 등) 간의 혼합구성을 추구해야 한다. "계란을 한 바구니에 담지 않는다"는 철칙은 비단 금융투자에만 해당되는 것이 아니다. 더구나 신재생에너지, 가스발전터빈, 청정석탄은 원전보다 성장잠재력이 높은 분야이다. 또한 발전연료를 모두 수입에 의존하고 신재생에너지 여건도 그리 좋지 않은 우리나라로서는 공급 확충보다 수요 절감에 중점을 두는 전략을 택해야 한다.

수요자가 전기를 절약하면 보상해주고 전기효율이 높은 가전제품이나 설비를 지원해주는 수요관리사업은 온실가스를 감축하고 외화 낭비를 억제하면서 에너지 안보도 도모할 수 있는 최상의 방법이다. 전기절약형 제품이나 설비가 이미 세계시장의 대세를 점하고 있다는 점에서 전기효율과 관련된 영역은 무궁무진한 성장잠재력을 지니고 있다. 더구나 수급안정성의 측면에서 보더라도 건설에 수년이 소요되는 발전설비와 달리 수요관리는 수일 또는 단기간 내에 조정이 가능하기 때문에 경직적인 공급설비보다 수급안정성에서 탁월한 효과를 발휘한다.

물론 우리나라도 정부와 공기업 주도하에 수요관리사업을 시행하고 있으며, 일부 성과를 거두기도 했다. 하지만 아직 본격적으로 시행되진 못하고 다소 관행적이고 일상적인 수준에 머물러 있다. 수요관리가 강력하게 추진되지 않는 것은 기본적으로 전기요금제도와 전력시장구조 때문이다. 시장원리가 아닌 정치논리에 의해 원가 이하로 책정된 전기요금하에서 수요자의 절약 유인이나 설비지원 프로그램이 제대로 작동하기 어렵다. 전기사업자 역시 마찬가지다. 정해진 투자이익만 보장받는 총괄원가 규제하에서 한국전력과 발전 자회사 간의 전력거래가 파이를 나누는 내부거래 방식을 취하는 한, 판매사업자인 한국전력이 수요관리에 적극적으로 나설 이유가 없다.

▌전기요금제도와 전력시장구조 개편해야

수요관리가 본격화되려면 이를 통해 이득이 발생하는 시장구조가 되어야 하고 전기요금에 적극 관심을 가지는 대용량 사업자나 수요자계층을 이 시장에 끌어들여야 한다. 그래야 수요관리가 하나의 사업으로서 성립하고 관련 서비스 및 설비산업의 발전도 가능하다. 이를 위해서는 총괄원가 규제방식을 넘어서는 대대적인 요금제도 손질과 전력시장의 구조개편이 필요하다. 설령 구조개편으로 전기요금의 상승이나 시장에 변동성이 생기더라도 이는 에너지 복지체계의 구축이나 수요자의 시장 대응능력을 키우는 방식으로 접근해야 한다. 비만증세는 일시적인 감량의 고통이 따르더라도 치료해야 한다. 외형상 저렴해 보이는 원전에 안이하게 의존하는 '전기 폭식'의 경제구조 역시 마찬가지다. 이를 위해서 그동안 계획과 규제로 일관해온 한국의 전력산업에 시장기능을 도입하여 계획과 시장 간의 조화를 꾀할 필요가 있다.

이런 차원에서 전력 부문 저탄소 녹색성장의 핵심은 원전 올인이 아니라 전기요금제도와 전력시장의 개편에 있다. 하지만 현 정부는 말로는 시장기능 활용을 언급하면서 오히려 계획 강화를 통해 원전으로 꼬인 문제를 다시 원전 올인으로 대응하고 있다. 반면 수요관리와 친환경적 발전원을 주장하는 측은 계획의 공공성과 공기업 통합만 강조할 뿐 수요관리와 친환경적 설비산업의 전제요건인 전력시장의 개혁에는 소극적이거나 반대하고 있다. 양쪽 입장 모두에 아쉬움을 금할 수가 없다. '계획의 과소와 시장의 과잉'도 문제지만 '계획의 과잉과 시장의 과소' 역시 올바른 해법은 아니다.

〈창비주간논평〉, 2011.6.29.

02

원전산업의 '이상한 갑을관계'

얼마 전, 가동 중인 원전에서 또 다시 위조부품이 발견되었다. 문제가 발견되면 해당 원전을 즉각 가동 중단하겠다는 정부의 원칙이 이번에는 적용되지 않았다. 블랙아웃의 상황을 염려한 고육지책이었을 것이다. 이러한 와중에서 정부는 '원전 마피아'라는 원색적인 용어를 써가며 고강도 비리대책을 쏟아 내고 있다. 국민의 따가운 질책을 비껴가기 위한 것일까? 아니면 상위기관인 '갑'을 곤혹스럽게 만드는 대상기관 '을'의 행태가 정부로서는 괘씸했을지도 모른다. 그 이유가 어찌되었든 정부가 '원전 마피아'에 대해 분노의 목소리만 높일 일은 아닌 것 같다. '갑'의 정책이 '을'의 행태를 유발한 측면도 있기 때문이다.

오랜 기간 동안 정부는 전력정책을 통해 원전에 대한 우대와 지원을 아끼지 않았다. 전력계획을 수립할 때 원전은 거의 영순위로 반영되는 경우가 많았다. 다소 느슨한 안전규제에서부터 세제, 보험료, 그리고 홍보 지원에 이르기까지 원전의 건설, 규제 그리고 운영과정에 대해 많은 지원과 보조를 제공했다. 저렴한 원전으로 낮은 전기요금의 안정적인 대규모 전력공급을 위한다는 이유에서였다. 여기에 우리 원전의 안전성에 대해 정부가 보장한다는 보증수표까지 날렸다. 엄격한 규제와 공정한 심판 역할을 해야 할 '갑'이 그 대상인 '을'을 지원하고 보조하는 '이상한 갑을관계'가 형성된 것이다.

하지만 안전 보증수표는 이미 위조부품으로 부도가 났다. 저렴하고 안정적인 공급은 어떨까? 원전의 발전원가가 저렴한 것은 원전 자체의 경쟁력도 일부 작용하지만 정부의 보이지 않는 지원과 보조에 힘입은 바 크다. 아마 다른 발전설비에 대해 그 정도의 지원을 했으면 전력산업의 판도는 완전히 달라졌을 것이다. 안정적인 공급을 보장한다는 것도 보기에 따라 다른 측면이 있다. 원전의 안전을 위해 최근 수준의 잣대만 들이대었다면 그동안 가동 중지가 적지 않았을 것이다. 원전이 대규모 공급력을 지니고 있지만, 반대로 문제가 생기면 대규모 공급부족 사태가 된다. 특정 부품과 기종에 문제가 생기면 이와 관련된 동일한 원전의 가동을 중단해야 하기 때문이다.

이처럼 지금까지 정부가 원전에 대해 보이지 않는 지원과 보조를 통해 발전단가를 낮추고 이에 기초하여 OECD 국가에 비해 반값 수준의 전기요금을 유지해 왔다. 단기적으로 전기요금을 낮게 유지한 것은 도움이 되었을지 모르지만, 장기적으로 전력수요의 폭등을 유발하여 현재와 같은 전력부족 사태를 낳았다. 이 과정에서 원전 사업자는 '도덕적 해이'에 빠지고 한국 경제는 '전력폭식의 함정'에 빠지고 말았다.

현재 정부가 추진하는 비리 근절대책은 철저히 시행되어야 한다. 하지만 정부가 엄격한 규제와 공정한 심판의 역할을 넘어 원전과 같은 특정 전원에 대한 지원과 보조를 지속하는 한 원전 마피아는 다시 살아날 가능성이 높다. 심판이 특정 선수를 지원하고 편애하면, 이를 악용하여 그 선수는 언젠가는 또 반칙을 하기 마련이다.

마피아 영화의 대표작인 '대부(Godfather)'의 주인공이 자신의 의도를 관철하기 위해 '상대편이 절대 거부할 수 없는 제안을 하겠다'는 협박성의 명대사가 나온다. '원전 마피아' 역시 원색의 표현이 난무하는 푸닥거리가 지나가길 기다리면서 '낮은 전기요금을 위해 정부가 계속 원전을 지원하고 보조해야 한다는 제안'을 속으로 읊조리고 있을지 모른다. 역대 어느 정부도 거절하지 못한 제안이다. 정부가 '원전 마피아'에 중점을 둔 대책을 마련하는 것도 중요하지만, 정부와 원전 사업자 간의 '이상한 갑을관계'를 촉발한 전력정책 전반에 대한 냉철한 판단이 필요한 시점이다. 원전에 대한 엄격한 규제와 공정한 평가를 둘러싼 정부정책의 일대 혁신을 기대해 본다.

『이코노미스트』 1194호, 2013.

03

비움과 다양성의 미학

: 에너지믹스의 정상화

새해엔 대부분 자신의 삶에 새로운 각오를 다지곤 한다. 필자도 새해에 존경하는 어른들로부터 나이가 들수록 자기 인생에 뭘 채우겠다는 각오보다 자기 것을 비우고 욕심을 내지 않는 것이 좋다는 말을 자주 듣는다. 오랜 삶의 경험에서 우러나오는 진국과 같은 덕담이 아닐 수 없다. 인생의 성숙기에는 자꾸 자기 의욕을 채우기보다 마음을 비우고 타인을 배려하는 삶의 빈 공간을 만들어야 한다는 얘기다. 그래야 인생도 풍부해지고 새롭게 사는 재미도 생길 테니 말이다. 따져 보면 우리 인간 세상만 그런 것은 아닌 것 같다.

필자가 좋아하는 어떤 생태학자가 '생물종 다양성'을 강조한 패나키(panarchy) 이론이란 것을 발표한 적이 있다. 자연생태계도 성숙기에 접어들면 점점 얽히고설키면서 경직화되어 결국 어느 순간 붕괴되는데 이때 생태계가 안정적으로 유지되기 위해서는 생물종 다양성이 필수적이란 얘기다. 다양한 생물종 중에서 누군가 생태계 질서를 재창조해 나가는 새로운 주체가 되기 때문이다. 거꾸로 말하자면 한두 가지 종이 모든 생태 공간을 채우는 것이 겉으로 통일된 모습의 강철

군단처럼 보이지만 내실은 가장 취약하고 위험한 생태계인 셈이다.

그러고 보니 우리 시장경제도 그런 것 같다. 일부 재벌이 시장을 독식하는 경제가 어떤 불의와 부작용을 유발하는지 지금 우리가 그 대가를 톡톡히 치르면서 체험하고 있다. 경제성장이 정체되는 것 역시 너무나 당연하다. 시장에 빈 공간이 없으니 다양한 주체, 기업, 기술이 등장할 수가 없고, 역동적인 경제성장 자체가 불가능해지는 것이다.

필자가 새해부터 뜬금없이 인생, 시장경제 그리고 자연생태계에 이르기까지 '비움과 다양성의 미학'을 늘어놓는 이유가 있다. 올해는 제8차 전력수급기본계획과 제3차 에너지기본계획이 같이 논의되는 중요한 해다. 수년간 관련업계에서 어깨 넘어 공부하면서 들은 얘기는 원전과 석탄발전이 저렴해서 시장에서 확대될 수밖에 없다는 얘기였다. 일부 강성론자들은 원전과 석탄 확대에 반대하면 공장이 어려워지고, 기업과 한국 경제가 곧 망할 것처럼 침소봉대하기도 한다. 문제의 핵심은 재벌을 없애자는 것이 아니라 공정한 시장질서로 부당한 독식을 막자는 것이고, 원전과 석탄을 없애자는 게 아니라 기울어진 운동장을 고르게 해서 과도해진 원전과 석탄에 적정한 제자리를 찾아주자는 것이다. 그렇게 해야 상품시장이든 전력시장이든 다양하고 새로운 것들이 숨 쉴 수 있는 빈 공간이 생기고, 한국 경제든 전력산업이든 지속적으로 성장할 수 있기 때문이다.

혹자는 어려운 살림살이와 경제여건에서 저렴한 전기요금을 위해 기저설비의 경제성을 무시할 수 없지 않느냐는 반론을 펼 수 있다. 충분히 일리가 있는 얘기고 경제성을 무시해서는 안 된다. 하지만 과문한 탓인지 우리나라는 지금까지 한 번도 모든 발전설비의 공정한 경제성 평가를 공개적이고 공식적으로 해본 적이 없다. 백번 양보해서 재평가 결과 원전이나 석탄이 싸다고 하자. 그렇다고 전력시장을 원전과 석탄발전으로 계속 채워나가야 할까? 성숙기 전력산업의 지속가능성을 위해 '채움과 독식의 경제학'과 '비움과 다양성의 생태학' 중 어느 것을 택해야 할까?

어느 유명한 문인이 경제학자는 '가격(price)'에 대해서는 잘 알지만 '가치(value)'에 대해서는 잘 모른다고 갈파한 적이 있다. 촌철살인과도 같은 지적이다. 어쩌면 전력업계는 전력의 계통한계가격에 대해선 잘 알지만, 자신의 생존기반인 전력생태계의 가치에 대해서는 잘 모르는 것이 아닐까?

2017년 정유년 새해! 전력업계는 이 어지러운 난세에 어떤 생각들을 하고 있는 것일까? 이제는 전력, 에너지, 온실가스 감축계획에 이르기까지 일관성도 없는 수치로 정치적 공방을 벌이기보다 긴 안목으로 '비움과 다양성의 미학'을 한번 고민할 시점이 된 게 아닐까?

〈전기신문〉, 2017.1.

04

저탄소 에너지믹스

: 계란을 한 바구니에 담지 말아야

주식투자의 위험관리상 '계란을 한 바구니에 담지 마라'라는 원칙이 있다. 이와 유사하게 에너지소비에도 '에너지믹스'라는 원칙이 있다. 한 나라가 사용하는 에너지는 어느 하나로 하지 말고 여러 개로 하라는 의미다. 물론 석유가 지천인 나라는 석유로 자동차를 굴리고 난방이나 취사도 하고 심지어 발전도 할 수 있다. 만일 우리나라가 그렇게 했다가 유가 폭등이나 석유 수입 애로가 발생하면 경제적 피해는 차치하고 나라 전체가 결딴난다. 우리나라를 포함한 대부분 나라에서 '에너지믹스'의 원칙을 준수하는 이유다.

이와 관련하여 최근 우리나라 에너지믹스에 다소 우려되는 측면이 있다. 에너지소비에서 전력의 비중이 빠르게 증가하고 있기 때문이다. 지난 십여 년 동안 우리는 난방에너지를 석유와 가스에서 전기(시스템 냉난방기)로 바꾸었고, 최근에는 전기차와 전기레인지(인덕션)의 등장으로 수송과 취사에도 전기가 사용되고 있다. 석유나 가스에 추가로 전기를 사용하는 것이 다양한 에너지원의 배합이라는 에너지믹스에 부합하는 것처럼 보인다. 하지만 문제가 그리 간단치는 않다.

이런 추세라면 전력이 난방을 넘어 수송이나 취사 등 모든 용도의 에너지소비를 독식할 가능성도 있다. 더구나 문제는 현재 정부계획에 의하면 이렇게 증가하는 전력이 다양한 발전원 간의 배합이 아닌 원전과 석탄발전으로 대부분 충당된다는 점이다.

전력, 특히 원전과 석탄발전으로의 믹스 편중에는 여러 이유가 있지만 정부가 석유와 가스에는 높은 세금을 부과하면서 원전과 석탄에 대해서는 저렴한 전력요금을 위해 세제 우대와 숨은 보조 등 다양한 지원을 한 탓이다. 그 결과 가장 비싸야 할 고급에너지인 전기가 석유나 가스보다 저렴하게 되면서 난방을 비롯하여 모든 에너지가 전력으로 바뀌고, 낮은 요금으로 계속 전력을 공급하기 위해 원전과 석탄발전을 계속 늘이는 것이다.

원전과 석탄발전에 의존하는 전기난방과 취사 그리고 전기차가 친환경적이라고 할 수 없고, 원전과 석탄발전이 유발하는 안전 문제나 사회적 갈등도 여전히 논란거리다. 환경이나 사회적 수용성을 떠나 에너지믹스 차원에서도 우려의 소지가 있다.

지난 번 경주 지진처럼 대규모 지진이 발생하면 대규모로 원전가동을 멈추어야 한다. 석탄발전은 미세먼지와 온실가스문제로 국내외적으로 여러 가지 제약조건이 걸려있다. 원전과 석탄발전에 필수적인 송전망 건설도 불안요인이다. 더구나 전력은 대규모 저장이 어렵고, 우리나라처럼 다른 나라와 전력망이 연결되어 있지 않은 경우 유사시 전력을 수입하기도 어렵다. 우리나라에서 에너지믹스는 위험관리를 넘어 국가안보의 문제이기도 하다.

물론 에너지믹스를 좀 단순하게 하더라도 경제적 차원에서 저렴한 원전과 석탄 비중을 높여 산업 경쟁력과 경제 성장을 우선하자는 의견이 있을 수 있다. 일리가 있고 충분히 공감이 가는 얘기다. 하지만 저렴한 전력요금이 지난 수년간 비효율적인 전력소비를 유발하고 한국 경제를 저부가가치형 전력다소비산업에 안주하게 만든 측면도 간과할 수 없다. 우리나라보다 2~3배의 전기요금하에서 친환경적인 에너지믹스로 제조업의 경쟁력까지 유지하는 나라도 적지 않다.

이처럼 현재의 에너지믹스 추세는 환경, 사회갈등 그리고 경제적인 측면을 넘어 우리나라 에너지수급의 안정성 측면에서도 되짚어 볼 점이 많다. 조만간 우리나라 에너지믹스를 결정하는 중요 계획들이 수립될 예정이다. 사회 각계의 여론을 수렴하여 계란을 한 바구니에 담는 에너지믹스에서 안정적이고 다양한 저탄소 에너지믹스로의 방향 전환을 고민해 볼 시점이다.

〈경향신문〉, 2017.7.2.

05 '로도스 섬' 우화와 탈원전 논쟁
: 논쟁의 품격과 수준

세계적인 여행지 그리스에는 널리 알려진 두 개의 섬이 있다. 하나는 우리가 여행 사진에서 자주 보는 하얀 집과 푸른 지붕, 그 환상적인 풍경에 불세출의 작곡가 야니(Yanni)가 명상과 치유의 뉴에이지 선율을 깔아준 섬, '산토리니'이다. 또 다른 하나는 이솝 우화에 등장하고 철학자 헤겔과 마르크스가 자주 인용하여 유명세가 더해진 섬 '로도스'이다. 전자가 휴양과 여유의 상징으로 자주 인용된다면, 후자는 과장과 허풍의 사례로 자주 등장한다. 그 배경이 된 로도스 섬의 우화는 이렇다.

어떤 허풍쟁이가 로도스 섬을 구경하고 돌아와서 자신이 로도스 섬에서 엄청난 높이뛰기 신기록을 세웠다고 과장하면서 로도스 섬 사람에게 확인해보라고 허풍을 떨었다. 그러자 그 말을 듣고 있던 한 사람이 굳이 거기 가서 물어볼 필요가 없다면서 말했다.

'여기가 로도스 섬이다. 여기서 뛰어보라!!'(Hic Rhodus, hic saltus!!).

그 말에 허풍쟁이는 더 이상 아무 말을 못하고 꿀 먹은 벙어리가 되었다는 얘기다. 아무리 좋고 자랑할 만한 주장이라도 우리가 발을 딛고 있는 현실에 부합하고 실현가능해야 한다는 점을 강조한 우화이다. 추상적 당위보다 당장의 현실 개혁을 강조한 헤겔과 마르크스도 바로 그 점을 강조하면서 로도스 섬 우화를 인용했던 것이다.

필자가 뜬금없이 전력 관련 지면에 '로도스 섬' 얘기를 하는 이유는 최근 '탈원전 논쟁'을 보고 이 우화가 생각났기 때문이다. 냉혹한 진영논리가 작동하는 논쟁에서 회색의 양비론이란 오해를 받지 않기 위해 안전장치를 미리 하나 마련해 두자. 필자는 원전 및 석탄발전의 점진적 축소와 가스 발전의 징검다리에 의한 전력패러다임 전환을 제안한 적이 있고 지금도 그 입장에는 변함이 없다. 그 명칭이 어찌되었든 '탈원전 논쟁'이 이러한 패러다임 전환과 관련된다는 점에서 최근의 논쟁이 반갑고 또 나름대로 의미도 있다고 생각한다.

그럼에도 필자가 탈원전 논쟁에서 '로도스 섬' 우화를 연상한 것은 마치 탈원전 논쟁이 단번에 정리될 수 있을 듯한 다소 과장된 분위기, 원전을 축소하면 정전위기와 요금폭등으로 나라가 결딴날 듯한 허풍의 여론몰이 때문이다. 전자가 주장하는 전력패러다임 전환의 시급성이나 후자가 우려하는 탈원전의 부작용에 대해서는 충분히 공감이 가고 또 귀담아 들을 필요가 있다. 하지만 우리나라 관련 부처와 전력업계가 지금의 전력 패러다임을 그대로 고집할 만큼 반개혁적이지 않고, 그렇다고 정전위기나 요금폭등을 불사하고 전력패러다임의 전환을 추진할 만큼 무모하지도 않다.

오히려 쇠뿔을 단김에 빼려는 듯 탈원전을 서두르는 정치적 성급함이나 과거 59%의 비상식적인 원전 확대에 침묵하던 일부 원전 전문가들이 탈원전에서 보이는 이율배반적인 야단법석이 문제다. 오랜 기간 정부의 에너지 관련 계획을 어깨 너머로 지켜보면서 필자가 깨달은 교훈이 하나 있다. 계획 논의가 과잉 정치화될수록 그 내용은 과소 전문화되고, 특정 전원에 대한 정치적 확신이 커질수록 그 계획의 불확실성은 증가한다는 점이다.

물론 탈원전이든 원전 확대든 장기적인 방향성을 놓고 논쟁하는 것은 바람직한 일이고, 그 자체를 탓할 생각은 추호도 없다. 하지만 최근 탈원전 논쟁은 필요 이상으로 과잉정치화되어 합리적 논의와 객관적 수치검증 없는 노이즈 마케팅으로 비화하고 있다. 탈원전이란 국가의 대계를 논의하기 위해서는 그에 걸맞은 논의틀과 방식이 필요하다. 논쟁에도 품격과 수준이 있다는 얘기다.

더구나 현실에서 당장 중요한 것은 수십 년 뒤에 있을 법한 탈원전 여부보다 장기적인 전력패러다임의 전환을 위한 개혁 프로그램들이다. 장기적인 전력패러다임의 전환에 중요한 전력요금과 에너지세제 그리고 전력시장 개혁이 과잉 정치화된 먼 미래의 탈원전 논쟁 속에 매몰되어서는 곤란하다. 지금 우리에게 필요한 것은 경제성, 형평성, 환경성을 조화시키는 한국형 패러다임 전환의 구체적인 프로그램이다. 원전 중심의 프랑스나 탈원전의 독일 얘기가 아니라 전력계통의 섬으로서 대한민국의 얘기, 즉 추상적 당위보다 "여기가 '전력의 섬' 한국이다. 여기서 뛰어 보라!!"는 현실적 요구에 부응하는 일이다.

먼 미래의 추상적인 엔딩 장면을 놓고 벌이는 과장과 허풍은 자제하고 앞으로 어떻게 품격 있고 생산적인 공론화를 할 것인가를 고민할 시점이다. 지금까지 논쟁과정에서 오로지 진영의 이익을 위해 세상을 오도하고 필요 이상으로 국민 불안을 유발한 혹세무민(惑世誣民)

은 없었는지 스스로 반성하고 격앙된 감정을 추스를 때다. 탈원전 논쟁에도 '로도스 섬의 과장과 허풍'이 아닌 '산토리니 섬의 여유와 치유'가 필요한 것 같다. 급박한 리듬이면서 불안하지 않고, 웅장한 스케일이면서 시끄럽지 않은 '산토리니'의 선율처럼.

〈전기신문〉, 2017.8.11.

06

석탄발전 축소공약의 '우려와 거품' 걷어내기

그동안 대선에서 주로 원전 문제가 에너지공약의 관심사였다면, 이번엔 미세먼지 문제로 인해 원전보다 석탄발전 문제가 더 관심을 끌었다. 하나의 정당을 제외하고 집권 민주당을 비롯한 대부분 정당들이 석탄발전 축소와 가스발전 및 재생가능에너지 확대를 공약하였기 때문에 이에 대한 정치적 합의와 실현가능성은 커졌다. 하지만 여전히 우려의 목소리가 있고 그 가운데 일부 공감도 가는 것도 있다. 그럼에도 석탄발전의 축소는 필요하다.

첫째, 최근 논란이 되고 있는 미세먼지 대책 차원이다. 석탄발전은 국내 미세먼지 유발의 3대 요인 중 하나다. 물론 석탄발전과 미세먼지에 관한 분석과 자료가 불확실하다는 논란이 있다. 하지만 그 불확실성은 석탄발전의 미세먼지 유발 '유무'에 대한 것이 아니라 유발 '정도'에 대한 것이다.

둘째, 온실가스 감축을 위해서도 필요하다. 우리나라 온실가스는 발전 부문 비중이 제일 크고 또 지속적인 증가 추세다. OECD 국가 중 이렇게 석탄발전이 급속하게 증가하는 나라는 한국이 거의 유일하다. 지금부터는 석탄발전을 늘이기보다 오히려 조금씩 줄여나가는 것이 중장기적으로 부담이 적다.

셋째, 안정적이고 미래지향적인 전원믹스를 위해서도 필요하다. 현재 정부계획에 의하면 2030년에 석탄발전은 원전과 함께 전체 발전량의 80%를 차지한다. '계란을 한 바구니에 담지 마라'는 것은 주식투자에만 해당하는 것이 아니다. 더구나 소수 전원이 전체 발전시장을 독식하면 전력산업에 다양한 기술과 혁신이 들어설 여지가 없다. 물론 수급안정이나 전원믹스를 위해 일정 비율의 석탄발전은 유지해야 함은 물론이다.

이상의 근거로 석탄발전을 줄일 경우 바로 따라 나오는 문제가 전기요금의 인상우려다. 이제는 국민들께 '값이 저렴하면서 깨끗한 전기는 없다'는 것을 알리고 동의를 구해야 한다. 요금 조정은 저유가 기조를 이용하고 석탄발전 축소를 점진적으로 진행하면 큰 충격없이 가능하다.

이렇게 석탄발전의 축소를 주장한다고 해서 새 정부의 공약에 아무 문제가 없다는 것은 아니다. 선거를 의식한 공약에는 거품이 다소 끼게 마련이다. 이제는 거품을 걷어내고 현실에 기초하여 철저하게 준비할 필요가 있다.

우선, 새 정부가 공약한 9기 신규설비의 취소문제다. 이 중 8기는 민간자본이 참여하고 있고, 그 가운데 일부는 이미 사업자금이 투자된 상황이다. 이를 취소하려면 민간업자의 기투자 자금 및 허가취소에 따른 수익상실 보상을 고려해야 한다. 상황에 따라서는 취소보다 석탄발전의 가동시간을 축소하는 방안을 고려해야 한다.

대안으로 제시된 재생가능에너지도 보급목표 수치만 높일 것이 아니라 우리나라의 부존 여건과 고립전력망 상황을 감안해야 한다. 특히 재생가능에너지 발전량 비중은 공식통계상으로는 6.6%이나, 그 중 60%인 '가짜' 재생가능에너지(폐기물)을 제외하면 사실상 2.4%에 불과하다. 따라서 태양광이나 풍력 등의 '진짜' 재생가능한 에너지만으로 어느 정도 석탄발전을 대체할 수 있을지도 냉철하게 따져봐야 한다. 그런 측면에서 당분간은 재생가능한 에너지보다 가스발전이 현실적인 대안이고 원전이나 석탄발전에서 재생가능에너지로 넘어가는 징검다리 역할도 수행할 수 있다.

끝으로 석탄발전 축소에 따른 전기요금 문제다. 이전의 경험에 비추어 볼 때 진보정권은 늘 전력의 공공성을 중시하고 저렴한 전력요금을 강조하는 경향이 있었다. 요금인상 언급이 불가피할 경우에도 산업용 요금만 언급하고 넘어가는 경우가 많았다. 만일 새 정부가 석탄발전의 축소 등 누적된 전력문제를 제대로 해결하려면 산업용 요금을 넘어 전반적인 전기요금 제도개혁의 청사진도 준비할 필요가 있다.

여러 가지 이유로 석탄발전의 축소조정은 불가피하다. 따라서 이에 대한 '과도한 우려'나 '지나친 거품'도 모두 바람직하지 않다. 올바른 개혁이란 시선은 멀리 두되 발은 땅을 디딘 채 한 걸음씩 나가는 것이다. 먼 미래를 보지 않고 당장의 발밑만 보면 올바른 방향을 상실하기 쉽다. 정반대로 시선만 멀리 둔 채 발밑을 보지 않으면 헛발을 디디기 쉽다. 석탄발전 축소를 포함한 전력문제 해결도 마찬가지다.

〈에너지경제신문〉, 2017.5.15.

07

에너지전환의 '정명론(正名論)'

: 계획, 세제, 시장의 변화

에딩턴(A. Eddington)이 말한 '시간의 화살(Arrow of Time)'처럼 세월은 참 쏜살같이 지나간다. 지난 한 여름의 무더위보다 더 뜨겁게 달아올랐던 탈원전 논쟁이 엊그제 같은데 벌써 새해이니 말이다. 물론 에딩턴이 시간이 빨리 간다는 뜻으로 시간의 화살을 얘기한 것은 아니다. 고전물리학에서 말하는 시간 대칭성을 비판하고자 '시간의 비가역성'을 얘기한 것이다. 활시위를 떠난 화살이 다시 되돌아올 수 없는 것처럼 이미 지나간 시간은 비가역적이고 되돌릴 수 없다는 뜻이다.

그렇다고 지난해의 생사를 건 탈원전 논쟁이 지난 일이니 잊자는 얘기는 아니다. 오히려 그 반대다. 날씨도 차가와진 만큼 이제는 얼음장 같은 냉정함으로 지난해 탈원전 혹은 에너지전환을 한번 곱씹어볼 필요가 있다.

탈원전이든 에너지전환이든 그것이 가능하기 위해서는 다음 3가지의 구조적 전환이 필요하다. 첫째, 실현가능성이 있는 정부의 에너지 전환계획이다. 그동안 수차례 저탄소나 환경을 고려한 새로운 패러다임으로 에너지 관련 계획을 수립하고 집행해 왔지만 그것이 제대로 성사된 기억이 별로 없다. 그 이유는 여러 가지가 있겠지만 계획수립과정 자체가 정치논쟁에 쉽게 노출되어 있고 이로 인해 다소 무리한 내용을 담는 경우가 많았기 때문이다. 이런 경우 계획 자체가 시장과 산업 그리고 국민들에게 신뢰성 있는 시그널을 보내지 못한다. 이제는 계획수립 과정을 둘러싼 제도적 거버넌스를 한번 되짚어볼 때이다.

둘째, 설령 정부계획이 잘 수립되었다고 하더라도 결국 전력산업과 시장에 새로운 변화를 유발하기 위해서는 에너지세제와 전기요금과 같은 제도 전환이 반드시 수반되어야 한다. 발전용 연료세제가 불공정하고 발전비용에 여러 가지 사회적 비용이 제대로 반영되지 않은 탓에 우리나라 발전설비 간 비용격차가 다소 증폭되어 있다. 비용격차가 벌어진 설비들 간에 믹스조정이 늘 정치적 사회적 논란을 유발하는 것은 이와 무관하지 않다. 또한 매번 계획마다 수요관리 목표수치가 '정치적 이유'로 비가역적으로 올라가지만, 지나고 보면 실적이 항상 그 목표에 미달하는 것 역시 경직적인 전력요금제도와 무관하지 않다.

셋째, 시장 및 산업구조의 변화다. 인공지능과 사물인터넷 등 이른바 A·I·C·B·M이 산업에 접목되는 제4차 산업혁명에서 전력과 에너지는 핵심분야 중 하나이고 그 한가운데에 수요관리, 재생가능에너지, 저탄소 분산형 발전기술들이 자리 잡고 있다. 전력산업과 시장에 이들과 같은 다양한 플레이어들이 등장할 때 전력산업의 혁신과 믹스 변화가 가능하다. 현재와 같은 전력산업과 시장구조로는 이러한 혁신과 변화에 제대로 대응할 수 없고 에너지 전환 역시 장기간 소요

될 가능성이 높다.

요컨대 3가지의 구조적 전환, '계획, 세제, 시장'이 바뀌면서 선순환 효과를 내어야 전력의 패러다임 전환이 이루어지고 이에 따라 에너지전환도 가능하게 된다. 그런 의미에서 필자는 세상을 뜨겁게 달구었던 '탈원전'이나 '에너지전환'이란 용어를 그리 좋아하지 않는다. 아무리 계획의 목표수치가 과감하고 내거는 구호가 혁신적이라도 전술한 계획, 세제, 시장을 둘러싼 제도적 변화가 전제되지 않으면 그 의미는 반감되기 때문이다. 오히려 필자는 이보다 '시장제도의 전환'이라는 말을 더 좋아한다. 그 표현이 문제의 본질, 나아가 우리가 해야 할 일과 방향을 정확히 나타내기 때문이다. 게다가 그것이 성사되어야 에딩턴의 '시간의 화살'처럼 전력 부문의 '비가역적인 변화'를 유도할 수 있기 때문이다.

새해이니 만큼 옛 성현의 말씀으로 마무리하자. 공자의 뛰어난 제자 중 한 사람인 자로가 스승에게 물었다. "위나라 임금이 선생님에게 정치를 맡기신다면 선생님께서는 무엇을 먼저 하시겠습니까?" 공자가 답하기를 "必也正名乎(반드시 이름을 바로 잡겠다)." '이름이 바르지 않으면 말이 순조롭게 전달되지 못한다. 말이 순조롭게 전달되지 않으면 일이 이루어지지 않는다.' 백번 귀담아 들을 얘기다. 그동안 우리가 에너지정책과 관련하여 붙인 화려한 말과 수사를 생각하면 말이다. 올해에는 '에너지전환'의 '정명(正名)'이 이루어지기를 기대해 본다.

〈전기신문〉, 2017.12.30.

08

에너지전환과 4차 산업혁명

: '창조적 파괴'를 위하여

"손방아는 봉건영주의 사회를 낳고 증기방아는 자본가의 사회를 낳는다." 한때 이상적인 사회혁명을 꿈꾸었던 칼 마르크스가 자신의 저서에서 했던 말이다. 21세기 그것도 최첨단의 4차 산업혁명을 논하는 자리에서 뜬금없이 철 지난 19세기 혁명이론가의 말을 꺼내든 것은 그 말의 함의, 즉 기술은 단순히 공학이나 자연과학의 차원을 넘어 일종의 사회적 성격도 지니고 있다는 함의 때문이다. 부연하자면 혁명에 가까운 변화를 유발하는 기술이 해당 산업이나 경제 속에서 뿌리내리고 성장하기 위해서는 그 기술에 부합하는 사회적 및 경제적 여건이 전제되어야 한다는 의미다.

우리는 흔히 '과학입국'이나 '기술입국'이라는 말을 자주 한다. 과학자나 기술자들이 혁신적인 기술을 개발하면 산업이 발전하고 나라경제가 성장하는 것은 맞다. 하지만 혁신 기술만 있다고 해당 산업과 나라경제가 자동적으로 좋아지는 것이 아니다. 손방아는 대량생산을 중심으로 하는 시장경제 체제에는 맞지 않고, 증기방아는 봉건사회의 자급자족 경제하에서는 꽃필 수 없기 때문이다. 시장경제 안에서도 마찬가지다. 최근 해석을 둘러싼 논란은 있었지만, '붉은 깃발법'이 자동차 산업의 발전을 막았다는 것도 이에 준하는 사례라고 할 수 있다. 사회적 여건이 보수적이고 정책이 과도한 규제로 일관하면 아무리 혁신 기술이 있더라도 관련 산업과 경제 활동에서 성과를 내고 뿌리내리기 쉽지 않다.

문제는 혁신 기술을 '적용'하는 과정뿐만 아니라 '개발'하는 것 역시 사회적 및 경제적 여건과 무관하지 않다는 점이다. 최근 경제 성장과 기술 개발 간의 관련성을 연구하여 노벨경제학상을 수상한 폴 로머에 따르면 경제성장을 견인하는 기술 개발은 성경에 등장하는 '만나'처럼 하늘에서 갑자기 뚝 떨어지는 것이 아니라, 각 나라의 연구개발과 교육 혁신 등 사회 전체의 지속적인 노력에 따라 좌우된다. 특히 4차 산업혁명처럼 기술 진화가 빠르게 진행되고 분야간 기술 융합이 중요한 상황에서 분야 간 칸막이가 없는 교육 연구 여건과 유연한 규제 여건이 혁신 기술개발에 더 유리할 것이다.

우리나라의 상황은 어떤가? 최근 인기 드라마의 소재가 될 만큼 우리나라 교육열은 전 세계 1등이고, 사물인터넷(IoT)과 자율주행자동차 등 4차 산업기술의 근간이 되는 5G 정보통신기술은 세계 최고 수준이다. 그럼에도 우리나라에 과학기술분야의 노벨상 수상자가 전무하고, 구글과 같은 혁신적인 기업이 나오지 않는 것은 무엇 때문일까?

이처럼 혁신 기술의 적용은 물론이고 개발 자체가 한 나라의 사회경제적 여건과 무관하지 않다는 것은 4차 산업혁명을 맞이하는 우리에게 여러모로 시사하는 바가 많다. 4차 산업혁명이 가져올 경제적 효과와 장밋빛 미래는 많이 언급하지만 정작 혁신기술을 적용하거나 개발하기 위해 우리의 사회경제적 여건을 어떻게 바꿀 것인가에 대한 논의는 그리 많지 않다. 이는 혁신 기술이 가져올 경제적 성과는 부러

워하면서도 그에 이르는 과정, 이른바 슘페터가 얘기한 기존 질서의 창조적 파괴에 따른 고통은 피하고 싶기 때문일 것이다.

필자가 몸담고 있는 전력 및 에너지산업 역시 예외가 아닌 것 같다. 해외의 4차 산업혁명에 대한 자료 혹은 국내 관련 강연이나 홍보에서 전력 및 에너지 분야는 단골메뉴로 등장한다. 하지만 규제의 경직성, 보이지 않는 산업 진입장벽, 칸막이식 사업 구조, 낙후된 시장 및 산업 구조를 바꾸려는 노력은 그리 많은 것 같지 않다. 전력산업은 재생에너지라는 새로운 발전기술 등장에 4차 산업혁명이 가세하여 전력산업의 태동이후의 가장 극적인 변화를 겪을 것으로 예상된다. 과거 전통적인 발전기술에 적합하게 짜여진 제도적 여건하에서는 에너지전환은 물론 전력분야의 4차 산업혁명이 적지 않은 어려움을 겪을 가능성이 높다. 전력산업의 혁신을 위해서는 재생에너지 등 다양한 저탄소 친환경 자원과 다수의 비즈니스 모델을 촉진할 수 있는 유연한 시장 규제와 제도, 선진화된 산업구조, 이에 부합하는 법과 규칙이 마련되어야 한다.

물론 에너지 산업을 포함한 4차 산업혁명에 대한 논의와 홍보는 중요하고 지속되어야 한다. 이와 함께 대한민국의 4차 산업혁명을 위해 '우리의 사회경제적 여건을 어떻게 바꿀 것인가'라는 근본적 성찰과 노력이 절실한 시점이다. '위도일손(爲道日損)'이고 '불파불립(不破不立)'이라고 했다. 근본적인 변화와 성취! 그것은 기존의 것을 버리지 않고는 채울 수 없고, 낡은 것을 깨뜨리지 않고는 달성할 수 없는 게 아닐까?

〈건설경제신문〉, 2019.2.18.

09

원전문제 해결과 에너지전환을 위한 '이이제이' 전략

▌원전추진론과 에너지전환론: 올바른 대립구도인가?

지난 2011년, 전력문제와 관련하여 온 국민의 관심을 촉발한 두 가지 사건이 있었다. 하나는 2011년 3월 이웃 일본에서 발생한 후쿠시마 원자력발전소(이하 원전으로 표현) 사고, 다른 하나는 2011년 9월에 발생한 우리나라 순환정전 사건이다. 이명박 정부가 야심차게 추진하고 있는 원전의 확대 분위기 속에서 발생한 후쿠시마 원전사고는 원전에 대한 불안감과 함께 원전 확대정책에 대한 의구심을 유발하였다. 하지만 바로 몇 개월 뒤 우리나라에서 발생한 순환정전 사고와 그 이후에 반복된 여름철 및 겨울철의 전력부족 문제로 원전에 대한 불안감은 정전에 대한 불안감으로 바뀌었다. 여기에 냉난방 온도통제와 같은 일상의 불편이 더해지면서 불안에 불만이 더해지고 있다.

이러한 분위기 속에 후쿠시마 원전사고로 다소 열세에 있던 원전추진론이 역전의 계기를 잡으려는 듯하다. 심지어 원전 확대냐 정전위기냐라는 얄팍한 양자택일론까지 등장하고 있다. 이와 관련하여 우선 두 가지 사실만 확인해 두자. 첫째, 논리적으로 원전 확대냐 정전위기냐는 양자택일의 문제가 아니다. 양자택일은 선택이 어려운 양자의 장단점을 놓고 고민할 때 취하는 방법으로, 어떤 경우에도 선택할 수 없는 정전위기를 놓고 양자택일을 요구하는 것은 맞지 않다. 둘째, 시기상으로도 문제가 있다. 지금 쟁점이 되고 있는 원전 추가 여부는 현재의 전력수급 문제가 아니라 약 10년 뒤인 2020년대 초반의 전력수급에 관한 것이다. 원전은 계획과 건설단계를 거쳐 가동에 이르기까지 거의 10년이 소요되기 때문에 당장 원전을 추가하더라도 2010년대의 전력수급이나 정전문제에는 아무런 도움이 되지 않는다. 따라서 원전 추가여부는 앞으로 10년 동안에 가능한 수요 절약방안이나 공급 대안을 고려한 다음에 판단할 문제지 거두절미하고 원전 확대냐 정전위기냐라는 이분법으로 접근할 문제는 아니다. 이는 정전위기의 불안감에 편승한 '무조건 원전추진', 좀 과하게 말하자면 '닥치고 원전'에 가깝다.

전력문제를 조금이나마 아는 사람은 이런 식의 무조건적인 원전 추진을 주장하지는 않는다. 외형상 추진 논리도 갖추고 십년대계의 추진 시간까지 고려한다. 내부적으로 다소 편차는 있으나 원전추진론자들은 대체로 전력수요가 현재와 같이 증가하는 상황에서 원전을 대신할 안정적이고 저렴한 공급대안이 없다는 점을 강조한다. 여기에 원전은 이산화탄소 배출이 없고, 화석연료를 줄일 수 있다는 장점도 덧붙인다. 이러한 입장은 수요와 공급 여건을 고려해서 원전을 추진한다는 점에서 이른바 '조건부 원전추진론'이라고 할 수 있다. 에너지 문제에 정치적 색깔을 입힌다는 것 자체가 부담스럽기는 하나 굳이 따지자면 현재 여권과 보수진영이 여기에 가깝다. 하지만 이들이 스스로 내건 조건부에 대한 해법이 명확하지는 않다. 기우일 수도 있으나, 전력수요의 절감은 어렵고 원전처럼 저렴하고 안정적인 공급대안은 없을 것이라는 '성급한 실망'은 아니었으면 한다.

한편, 원전추진에 반대하는 측에서는 원전추진론자들이 언급한 수요와 공급여건과 관련하여 나름대로의 해법과 대안을 제시하고 있다. 이 역시 다양한 형태를 띠고 있지만 대체로 수요 측면에서 전력수요를 획기적으로 절감하고, 공급 측면에서는 원전은 물론 화력발전(석탄, 천연가스, 석유)도 축소하여 재생가능에너지(태양광, 풍력 등)로 전환할 것을 강조한다. 여기에 재생가능에너지는 이산화탄소를 배출하지 않고 자연상태의 에너지를 이용하기 때문에 유가의 영향도 받지 않는다는 장점도 덧붙인다. 이 입장은 원전 등 모든 반환경적인 전력생산을 재생가능에너지로 전환하자는 점에서 이른바 '에너지전환론'이라고 할 수 있다. 여기에도 정치적 색깔을 입힌다면 야권과 진보진영이 이에 가깝다. 하지만 전력수요를 어떻게 축소할 것인지, 재생가능에너지 보급이 제대로 진행되지 않을 경우 어떻게 할 것인지 명확하지 않다. 또 다른 기우일 수도 있지만 재생가능에너지를 가능하면 많이 보급하고 여의치 않으면 전력수요를 줄이면 되지 않을까라는 '기대 섞인 희망'은 아니었으면 한다.

두 가지 입장에 대해 내가 우려의 시선을 거두지 못하는 이유는 현재의 원전추진론과 에너지전환론이 우리의 현실과 실현가능한 미래상이란 측면에서 올바른 대립구도라고 보기 어렵기 때문이다. 과연 두 가지 입장은 우리나라 전력수요가 왜 급증하고 있는지, 수요 급증을 연착륙시키기 위해서는 어떻게 해야 하는지, 원전과 재생가능에너지 이외에 다른 공급대안은 없는지에 대해 얼마나 고민하고 있을까?

또한 우리나라의 여건이 원전 올인의 프랑스나 재생가능에너지 올인의 독일과 어떻게 다른지, 그리고 우리나라는 다른 나라와 전력을 주고받을 수 없는 고립전력망이라는 것이 어떤 제약조건인지에 대해 얼마만큼 고민하고 있을까?

극단적인 노선대립에 익숙해진 한국사회에서 원전과 재생가능에너지라는 정반대의 노선, 그것도 보수진영과 진보진영이라는 정치적 색깔을 입힌 채, 이들을 양비론적 시선으로 바라보는 것은 자칫 오해를 유발할 뿐만 아니라 심지어 위험하기까지 하다. 양비론적 비판은 순간의 통렬함은 주지만, 대안 없는 양비론은 오랜 공허감만 남기기 때문이다.

이런 오해와 위험을 피하기 위해 여기서 이 글의 입장을 미리 밝혀 두려고 한다. 나는 우리나라의 전력패러다임이 위험한 원전과 고탄소의 석탄발전에 기초한 장거리 송전망 체제에서 안전한 재생가능에너지와 저탄소의 천연가스발전에 기초한 소비지 근접형 체제로 점차 전환되어야 한다는 입장이다. 그 연장선상에서 현재 원전추진론이 주장하는 원전과 송전망 추가건설에 반대한다. 한편 장기적 관점에서 재생가능에너지의 확대와 에너지전환에 동의하지만, 원전은 물론 모든 화력발전은 급속하게 재생가능에너지로 대체하자는 현재의 에너지전환론에는 동의하지 않는다. 짧은 기간 내에 전력수요를 줄이고 재생가능에너지를 대폭 확대하는 것이 현실적으로 어렵기 때문이다. 아마 원전추진론이 전력수요 문제와 적절한 공급대안을 조건부로 내건 것은 이러한 에너지전환론의 약점을 간파했기 때문일 것이다.

이와 같이 양쪽에서 공격을 받을 소지가 있는 이런 주장을 하기 위해서는 현실적인 근거가 있어야 하고, 원전축소와 에너지전환과 관련된 대안도 있어야 한다. 이 글은 이에 대한 나의 의견을 밝히는 글이다. 하지만 전력문제가 일반 독자들이 쉽게 접근하기 어려운 측면이 있기 때문에 본격적인 논의에 앞서 우리나라 전력수급의 현실진단이라는 다소 긴 우회과정을 거치고자 한다.

▌현실 진단 1: 전력수요 급증의 실상

양자간의 쟁점이자 우리나라 정전위기를 유발하고 있는 전력수요 문제부터 살펴보자. 2000년대 초반만 하더라도 우리나라 전력수요는 2000년대 후반에 접어들면서 연 1~2% 수준의 완만한 증가율로 점차 포화상태에 들어갈 것으로 예상되었다. 하지만 예상과 달리 전력수요는 2000년대 중후반부터 급증하기 시작했고, 2010년에는 연 10% 증가로 두 자릿수의 증가율을 기록했다. OECD 국가 중에서 이런 추세로 전력수요가 증가하는 나라는 없다. 대부분 OECD 국가들은 지난 10년 동안 전력수요가 거의 증가하지 않았다. 우리와 여러모로 닮은꼴인 일본도 10년 동안 약 2%만 증가했을 뿐이다. 우리나라는 같은 기간에 80% 증가했다. 증가율만 보면 산업화를 시작하는 후발개도국 수준이다. 그 결과 우리나라 평균 1인당 전력소비량은 우리보다 1인당 국민소득이 높은 대부분의 OECD 국가들보다 높은 수준이다.

그렇다고 우리 국민 모두가 소득 수준에 비해 전력을 펑펑 쓰는 것은 아니다. 오히려 반대다. 전력수요를 크게 가정, 제조업, 서비스업으로 나누어 볼 때 우리나라 일반 가정의 전력소비는 전체 수요의 15%로 OECD 국가의 평균 30%의 절반수준이다. 1인당으로 계산한 가정용 전력수요 역시 OECD 국가의 절반에 불과하다. 가정용 전력수요의 증가추세도 매우 미미하다. 이에 비해 제조업 수요가 전체에서 차지하는 비중은 55%로 OECD 국가 평균에 비해 거의 두 배에 달한다. 우리나라 제조업이나 서비스업이 1달러어치의 제품을 생산하는데 사용하는 전력은 OECD 국가의 2배, 일본의 거의 3배에 달한다. 더욱이 최근 들어 제조업과 서비스업의 전력수요가 빠르게 늘고 있는 실정이다. 제조업과 서비스업의 전력수요가 전체 전력수요에서 큰 비중을 차지하면서 증가세를 주도하고 있는 셈이다.

물론 제조업과 서비스업의 전력소비를 줄이기 어려운 측면이 있다. 절전을 위해 공장가동을 중지하거나 영업시간을 단축할 수는 없기 때문이다. 더구나 우리나라는 제조업의 수출로 먹고 살고 서비스업의 경제활동도 당분간 증가할 수밖에 없어 전력수요 증가 자체를 무조건 매도하기는 어렵다.

문제는 제조업과 서비스업의 전력사용과 증가 자체보다, 사용해서는 안 될 곳에 전력을 사용하고 있다는 점이다. 최근 고유가로 인해 석유와 천연가스(이하 유류로 통칭)의 가격이 상승하면서 상대적으로 저렴한 전력으로 쏠리는 에너지 '전력화 현상'이 심화되고 있다. 그 유형은 크게 두 가지, 즉 '열에너지의 전력화'와 '난방에너지의 전력화'다. 열에너지의 전력화란 생산공정상 필요한 열에너지원이 유류에서 전력으로 전환되는 것을 말한다. 공장에서 가열이나 건조에 필요한 열을 얻기 위한 연료를 유류에서 전력으로 바꾸거나, 농촌의 비닐하우스에서 사용하는 연료를 유류에서 전력으로 바꾸는 것은 그 대표적인 예이다. 유가가 급등하면서 최근 몇 년간 제조업의 전력소비가 급속히 증가한 것도 이와 무관하지 않다.

한편, 난방에너지의 전력화 현상은 난방에너지원이 유류에서 전력으로 전환되는 것을 말한다. 난방에너지의 전력화는 일반 가정보다는 서비스업이나 제조업에서 두드러지게 나타나고 있는데, 최근 상가와 건물에 급속하게 확대된 시스템 냉난방기와 전기온풍기가 대표적인 예이다. 이로 인해 고유가가 시작된 2000년대 중후반부터 겨울철 전력소비가 다른 계절보다 더 빠르게 증가하고 있다. 물론 일반 가정에서도 전기장판이나 전열기를 이용하지만, 이는 보조난방에 불과하고 무엇보다 누진제 요금 때문에 집 전체를 전력으로 난방하는 경우는 거의 없다.

문제는 열이나 난방에너지로 유류가 아닌 전력을 사용하면 에너지 효율이 50% 이상 떨어진다는 점이다. 나중에 살펴보겠지만 유류 대신 전력을 사용하면 연료가 두 배 이상 들기 때문이다. 열과 난방에너지의 전력화를 수돗물(유류) 대신 생수(전력)로 빨래하는 것과 같다고 하는 것도 이 때문이다. 물론 경제성장과 소득증가에 따라 유류보다 쓰기 편한 전력을 더 선호하는 것은 일반적인 추세다. 그러나 아무리 편리하더라도 전력을 사용하지 않아야 할 곳에 전력을 사용하게 되면 당연히 전력수요가 예상을 뛰어넘고 정전위기가 발생할 수밖에 없다.

그 결과 선진국 진입을 바라보는 나라에서 전력 부족을 이유로 강제로 난방온도를 규제하고, 일정한 양의 전력을 줄이라고 명령하는 사태가 벌어진 것이다. 최신식 건물에서 비싼 돈 들여 장만한 시스템 난방기와 전기온풍기를 인테리어 장식품처럼 세워두고, 석유난로 심지어 연탄난로마저 아쉬워하면서 추위에 벌벌 떠는 것이 현재 우리의 자화상이다. 문제는 이러한 자화상이 말 그대로 우리 스스로 자초한 모습이라는 데 있다. 비싼 유류를 저렴한 전력으로 전환한 것은 국제적 고유가로 인한 불가피한 현상인 것 같은데, 왜 우리 스스로 자초한 측면이 있다고 하는 것일까?

▮현실 진단 2: 유류와 전력간의 역전 드라마

우선, 국제적 고유가가 원인이라면 다른 나라에도 이런 현상이 나타났어야 한다. 하지만 앞에서 보았듯이 OECD 국가의 전력소비는 지난 10년간 큰 변화가 없었다. 다른 나라에서는 열이나 난방에너지가 유류에서 전력으로 전환되지 않았다는 증거다. 물론 전체 전력소비에 변화가 없더라도 전력소비의 구성비는 달라질 수 있기 때문에 좀 더 정확한 근거가 필요한데 계산상으로 따져봐도 대부분 OECD 국가들은 전력을 열이나 난방에너지로 사용할 엄두조차 못 낸다. 우리와 여건이 비슷한 일본도 마찬가지다. 전력은 주로 화석연료를 태워 고가의 설비를 이용하여 제조과정을 한 번 더 거친 고급 에너지이기 때문에 동일한 열량을 얻는 데 드는 비용이 유류보다 2배 이상 비싸다. 옷이 옷감보다 더 비싼 것과 같은 이치다.

그런데 우리나라는 유류보다 전력으로 열을 얻는 것이 더 싼 가격 역전 현상이 나타났다. 유독 우리나라에만 이러한 기이한 현상이 나타난 이유는 무엇일까? 이는 정부가 일관되게 '유류가격은 높게, 전력요금은 낮게'라는 취지하에 에너지세제와 전기요금정책을 운용했기 때문이다. 정부 입장에서는 난방이나 수송 등 최종 소비활동에 많이 사용되는 유류의 경우 세금 부과시 물가 부담이나 조세저항이 적고 세수도 손쉽게 확보할 수 있다. 이에 비해 전력은 최종 소비 활동은 물론 제조업과 서비스업 등 중간 생산 활동에 광범위하게 사용되어 요금 인상시 물가 부담이 크고 이에 따른 정치적인 부담도 만만치 않다. 그래서 정부가 높은 유류세를 고수하면서도 전기요금은 낮게 유지하는 것이다. 예를 들어 우리나라 난방용 유류에는 부가가치세와 별도로 에너지세제가 부과된다. 이에 비해 전력 생산의 70%를 차지하는 원전과 석탄발전의 연료(우라늄과 석탄)에는 에너지세제가 거의 부과되지 않아 전기요금이 그만큼 낮게 유지된다. 이처럼 유류에 비해 전력은 에너지세제상 엄청난 세제 혜택을 받고 있다.

하지만 가격역전의 결정적인 이유는 세제정책보다 원전 우대에 기초한 전기요금정책에 있다. 특히 원전은 면세 혜택 이외에도 드러나지 않는 보조와 정책 지원을 받고 있다. 원전에 대한 사고보험료 혜택, 원전우대 정책, 연구개발비 보조 등이 단적인 사례다. 이러한 정부의 보조와 지원으로 원전의 발전비용은 인위적으로 낮게 유지된 것이다. 구체적 수치 사례를 하나 들어 보자. 전력분야에서 우리나라와 여러 모로 유사한 일본의 경우 원전 발전원가가 우리보다 높다. 최근 후쿠시마 원전사고 이후 일본 정부가 원전의 발전원가를 재평가한 결과 우리보다 높은 그 발전원가에서 다시 50%의 비용 상승이 있었다. 우리나라 원전에도 상당히 많은 숨은 비용이 있음을 간접적으로 보여주는 사례다.

그뿐만 아니다. 원전이나 석탄발전은 냉각수 문제와 석탄수입의 입지문제 때문에 수도권 등 대도시에 멀리 떨어진 해안가에 위치할 수밖에 없다. 이들의 전력을 수도권 등 대도시로 전송하기 위해서는 장거리 송전망이 필수적이다. 하지만 정부는 송전망 건설 및 운영으로 발생하는 지역주민의 재산상 손실(지가 하락)과 생활상 불편(송전망

고압전기로 인한 전자파 불안과 소음)에 대해 제대로 보상하지 않고 있다. 송전선이 지나가는 곳의 땅값이 반 토막 나고 매매불능이 되는데 이에 훨씬 못 미치는 보상금을 받고 자기 땅에 송전망이 지나가는 것을 반길 사람은 없다. 당연히 송전망 건설을 둘러싸고 극심한 사회적 갈등이 발생할 수 밖에 없다. 우리나라의 전기요금이 OECD 국가에 비해 거의 절반 이하의 수준인 것은 이러한 정부의 원전 및 석탄 지원정책과 무관하지 않다.

이처럼 '유류가격은 높게, 전기요금은 낮게'라는 정책기조에도 불구하고 과거 저유가 시기에는 큰 문제가 없었다. 그동안 아슬아슬하기는 했지만 유류의 가격경쟁력이 우위에 있었기 때문이다. 하지만 2000년대 중반이후 유가가 급등하면서 고유가는 단숨에 유류와 전력 간의 열량 가격을 역전시켜 버렸고, 열이나 난방에너지가 유류에서 전력으로 급속하게 전환하였다. 이 추세는 이른바 저탄소 녹색성장을 추구한 이명박 정부 들어서 더 심해졌다. 고유가로 유류가격은 상승하는데, 'MB 물가지수'를 통해 전기요금은 원가 이하로 계속 억제하였기 때문이다. 재정 여건상 4대강 사업에 혈세를 탕진하느라 유류가격을 낮출 수 있는 유류세 인하는 엄두도 내지 못했을 것이다. 그 결과 유류와 전력 간의 열량당 가격은 더 벌어지고, 에너지 전력화는 더 급속하게 진행되었다.

▌현실 진단 3: 에너지 전력화의 부작용

정부가 전기요금을 낮게 유지하여 물가를 안정시키고 산업경쟁력을 높이는 것은 국민경제의 입장에서 좋은 일이다. 또한 그 덕분에 고유가 시대에 비싼 유류 대신 값싼 전력을 사용할 수 있어서 개별 소비자로서도 반가운 일이다. 게다가 우리는 오랫동안 유류소비 축소와 탈화석연료를 외쳐오지 않았던가!

하지만 오늘날 우리경제가 전기요금에 숨은 보조금을 지급하면서 선진경제로 도약하기에는 체면이 서지 않고, 원전사고 한방으로 모든 것을 날려버리기에 그동안 이루어 놓은 경제적 성과가 너무 많다. 효율적인 에너지소비의 측면에서 보더라도 고급에너지인 전력을 낮은 요금으로 저렴하게 쓴다는 것은 그만큼 엉뚱한 곳에서 사회적 비용이 발생하고 있다는 뜻이다. 더구나 유류를 전력으로 대체한다고 탈화석연료가 되는 것도 아니다.

첫째, 유류를 전력으로 대체하면 그만큼 전력을 추가로 더 생산해야 하고, 이 경우 원전과 석탄발전이 아니라 천연가스 및 석유발전이 동원된다. 이미 언급한 바와 같이 유류를 사용하여 발전하고 그 전력을 다시 열이나 난방에너지로 사용하면 유류를 직접 연소하여 사용하는 것보다 연료가 두 배 이상 든다. 소비자 개인의 관점에서는 유류를 전력으로 대체하는 것이 합리적인 선택이지만, 국민경제의 관점에서 볼 때 연료의 사회적 낭비가 발생하는 매우 비합리적 행위이다.

둘째, 동일한 효과를 얻기 위해 유류를 2배 더 사용하기 때문에 그만큼 배출하지 않아도 될 이산화탄소를 추가로 배출하게 된다. 연료는 연료대로 낭비하고, 이산화탄소는 불필요하게 더 배출하는 셈이다. 난방에너지의 전력화인 전기난방만 따져도 어림잡아 연간 연료 낭비액은 9억 달러(환율 1,100원 기준으로 약 1조 원)를 넘어서고, 추가로 배출하는 이산화탄소도 600만 톤에 근접할 것으로 추정된다. 더구나 이는 열에너지의 전력화로 인한 연료 손실액과 추가 배출량을 포함하지 않은 수치이다. 연간 1조 원 내외면 고유가로 힘들어 하는 저소득층에게 에너지복지 혜택을 제공하고도 남는 액수다. 이산화탄소 600만 톤은 우리가 수천억 원 들여 보급하는 재생가능에너지의 연간 감축량 60만 톤의 10배에 해당하는 양이다. 재생가능에너지는 돈을 들여서 그나마 약간의 이산화탄소라도 감축하지만 전기난방은 돈을 들여 이산화탄소를 대량으로 배출하는 행위다. 전 세계에서 이런 어리석은 행위를 하는 나라는 우리나라가 유일할 것이다. 이처럼 유류를 전력으로 대체하면 결과적으로 화석연료 소비와 이산화탄소 배출은 더 증가한다.

셋째, 제조업과 서비스업에서 발생하는 에너지 전력화는 당연히 제조업과 서비스업이 집중되어 있는 수도권의 전력수요 급증으로 나타난다. 이에 대응하기 위해 원전이나 석탄발전소를 추가하면 그 전력을 전송할 장거리 송전망을 더 건설해야 한다. 당연히 이로 인한 사회적 갈등, 지역주민의 재산 손실, 생활상 불편 등 사회적 비용도 증가할 것이다.

백번 양보해서 연료비 낭비는 국민경제의 부담, 이산화탄소 배출은 지구의 부담, 송전망 비용은 지역주민의 부담으로 넘긴다고 치자. 과도하게 진행되고 있는 에너지의 전력화로 제일 우려되는 것은 전력수급의 불안정이다. 최근 전기난방이 확산되면서 여름철 전력피크보다 겨울철 전력피크가 더 높아지고, 정전 위기는 여름과 겨울 가릴 것 없이 상시적인 현상이 되었다. 앞으로 이러한 추세로 에너지 전력화가 가속될 경우 안정적인 전력수급을 장담하기 어렵다.

이제 다소 장황하게 늘어놓은 현실 진단들을 정리해 보자. 높은 유류가격과 낮은 전력요금으로 인한 전력의 유류대체로 전력수요가 급증했다. 이러한 현상은 국민경제의 연료낭비, 발전 및 송전설비 추가에 따른 사회적 갈등, 불필요한 이산화탄소의 추가배출 등 경제, 사회, 환경의 측면에서 여러 가지 부작용을 유발하고 있다. 나아가 그 비용과 부작용을 가늠할 수 없는 심각한 정전위기까지 유발하고 있다. 바로 이러한 상황의 중심에 정부의 전력정책, 특히 원전과 석탄 발전에 대한 우대와 지원정책이 있다.

자기점검이 필요한 원전추진론
: 과연 원전추진론은 추진될 수 있을까?

이상의 논의를 토대로 원전확대론과 에너지전환론을 본격적으로 검토해 보자. 먼저 앞에서 언급한 바와 같이 조건부 원전확대론은 전력수요가 지속적으로 증가하고 원전처럼 저렴하고 안정적인 공급 대안이 존재하지 않는다면 원전을 추진해야 한다는 입장이다. 하지만 첫째, 전력수요 증대에 대응하기 위한 원전 확대가 전력수요의 증가 추세를 가속화시킨다면 어떻게 할 것인가? 둘째, 원전이 생각만큼 저렴하지 않고 안정적인 전력공급도 담보할 수 없다면 어떻게 할 것인가?

첫 번째 질문부터 살펴보자. 조건부 원전확대론이 전력수요 급증을 걱정하고 그 연장선상에서 안정적인 공급대안을 고민하는 것 자체는 이해할 수 있다. 이 글의 고민도 그 연장선상에 있다. 하지만 원전추진론은 그것이 원전에 대한 정부의 숨은 보조와 지원에 의한 것이라는 점을 외면 하고 있다. 원전추진론은 원전 우대로 전력요금이 인위적으로 낮게 유지되고, 이것이 결국 에너지 전력화를 포함한 전력수요의 급증을 촉발하고 있다는 점을 냉철하게 직시할 필요가 있다. 즉 현재 상황에서 발전원가가 저평가된 원전을 확대하면 유류가격과 전기요금 간의 격차는 더 벌어질 것이다. 그만큼 전력소비의 절약 유인이 약해지고 유류가 전력으로 쏠리는 에너지 전력화도 가속화될 것이다. 그리고 얼마 지나지 않아서 전력수요 증가에 대응하기 위해 값싼 원전을 추가해야 한다는 얘기가 또 나올 것이다.

경제학에서 이미 사망선고를 받은 이론, 즉 '공급은 스스로 자신의 수요를 창출한다'는 세이의 법칙(Say's Law)이 우리나라의 원전에서 화려하게 부활하는 셈이다. 원전이 이제 열과 난방전력 수요에 이어 어떤 새로운 전력수요를 창출할지 가늠하기 어렵다. 어떤 문제를 야기한 사고방식으로는 결코 그 문제를 풀 수 없듯이 원전으로 꼬인 문제를 또 다시 원전으로 풀 수는 없지 않은가!

두 번째 질문과 관련하여 원전이 저렴하고 안정적인 공급대안이라는 주장도 따져볼 대목이 많다. 저렴한 원전이란 것이 사실상 정부의 보조와 지원에 의한 것이라는 사실은 이미 앞에서 언급했다. 보조와 지원이 아니더라도 우리나라의 건설기술이 뛰어나 다른 나라에 비해 원전 건설비가 적게 들고 이로 인해 다른 발전원보다 저렴하다고 하자. 그렇다고 해도 만 년 이상 지속되는 방사성 폐기물의 독성으로 인해 미래세대가 안게 되는 위험부담은 어떻게 할 것인가?

이는 단순한 비용계산의 문제가 아니라 가치판단의 문제다. 만 년의 시간은 인류역사로 따지면 신석기에서 현재에 이르는 기간이다. 앞으로 그 기간 동안 원전의 방사성폐기물을 지층에 보관하여 인간과 자연으로부터 완벽하게 격리해야 한다. 더구나 현재 원전내에 임시로 저장하고 있는 고준위 방사성 폐기물을 만 년 동안 안전하게 보관할 장소조차 결정하지 못했다. 이러한 상황에서 며칠 뒤의 지진도 예측하지 못하는 공학 기술, 40년 뒤에 발생하는 원전폐쇄비용이나 폐기물관리 등 원전 관련 비용을 이자율로 할인하여 거의 무시할 수준으로 처리하는 경제학은 도대체 만 년의 시간과 미래세대의 부담에 대해서 어떻게 생각하고 있는 것일까?

원전문제를 미래세대의 부담에 대한 가치판단이라는 잣대 하나로 결정할 수는 없지만, 그렇다고 최소한의 가치판단이 필요한 일에 공학 기술과 경제학적 셈법만 들이댈 수는 없는 것이다. 원전추진론은 원전의 5중 안전장치와 저렴한 단가를 주장하기에 앞서 후쿠시마 원전사고 직후 '현대사회는 위험사회이자 그것이 세계화되는 사회'임을 재차 강조한 석학 울리히 벡의 경고, '경제학자는 가격(price)에 대해서는 잘 알지만 가치(value)에 대해서는 잘 모른다'고 한 문학가 오스카 와일드의 푸념을 한번은 귀담아 들을 필요가 있다. 만 년의 시간을 놓고 가치철학 논쟁을 벌일 지면의 여유는 없으니 그냥 넘어가자. 만 년의 시간도 그냥 넘어가는 상황이니 40년의 원전가동 기간 동안 천재지변이나 안전사고도 발생하지 않는다고 하자. 만년을 책임질 폐기물의 저장장소 문제도 그냥 넘어가자. 그렇다면 원전은 우리의 안정적인 공급대안이 될 수 있을까?

원전 확대는 오히려 수도권 등 대도시 전력공급의 불확실성을 심화시킬 가능성이 있다. 최근 정부는 동해안 지역에 원전과 석탄발전이 들어서는 대규모 발전단지를 계획하고 있다. 그렇게 해서 생산될 전력은 거의 대부분 수도권에서 사용될 것이다. 문제는 송전망이다. 동해안 지역에서 생산한 전력을 수도권으로 송전하기 위해서는 백두대간을 넘는 200km의 장거리 대규모 송전망을 2개 정도 더 건설해야 한다.

과연 송전망 건설이 적기에 이루어질 수 있을까? 격렬한 반대와 사회적 갈등을 유발할 것이 불 보듯 뻔하다. 현재 신고리 원전의 전력을 대도시로 송전하기 위한 90km의 송전망 건설도 4년째 지연되고 있다. 이제는 더 이상 송전망 반대를 지역이기주의로 호도하고, 국책사업이란 명분하에 공권력으로 밀어붙이기도 어렵다. 급기야 지역주민 동의와 충분한 손실 보상 없이 강행되는 송전망 건설에 항의하여 불행하게도 지역주민이 분신하는 비극까지 발생하였다. 비극적 사건 하나를 빌미로 반대를 위한 반대, 포퓰리즘적 반대여론을 조성할 의도는 추호도 없다. 하지만 이러한 비극적 사건이 우리 사회에 어떤 문제를 제기하고 있는지에 대해서 원전추진론자는 물론 전력소비자로서 우리 국민 모두가 진지하게 생각해 볼 필요가 있다. 이 참사는 우발적인 한 개인 문제가 아니라 구조적인 사회 문제이며, 높은 손실 보상을 요구하는 지역 이기주의가 아니라 낮은 전기요금을 요구하는 대도시의 이기주의다.

물론 송전망 노선을 주민합의에 따라 선정하고 이에 따른 피해를 충분히 보상하는 것이 하나의 방법이 될 수 있다. 하지만 수백 킬로의 노선결정에 상당한 시간이 소요될 것이 분명하고, 손실보상 역시 재산상 손실만이 아니라 경관 훼손 나아가 송전망 주변의 주택 이전에 따른 비용까지 고려하면 그 액수를 가늠하기 어렵다. 설령 충분한 보상을 해준다고 하더라도 요즘은 송전망이 들어서는 것을 반대하는 분위기다. 친환경과 청정성의 자연주의가 지역발전의 핵심이 되고 있기 때문이다.

한 번 더 양보하자. 충분한 보상을 하든 밀어붙이기를 하든 송전망이 적기에 건설된다고 하자. 그래도 여전히 문제는 남는다. 현재 수도권은 전력 소비량의 절반을 장거리 송전망을 통해 타 지역에서 공급받고 있고, 지금도 비상시에는 매우 불안한 상황이다. 이런 상황에서 수도권이 전력수요를 장거리 송전망에 더 의존하게 되면 수도권 전력수급의 불안정성은 증가할 것이다. 그리고 수도권으로 향하는 송전망에 사고가 발생하면 수도권은 물론 자칫 전국 정전으로 확대될 수 있다. 현재의 북상조류(北上潮流), 즉 충청지역과 영동지역에서 장거리 송전망을 통해 수도권으로 대량 송전하는 현재의 상황조차 많은 전기공학자들이 우려하고 있는 실정이다.

또한 원전의 비중이 증가하면 전력수급의 균형을 맞추는 것도 어려워진다. 비유를 하나 들자. 고공의 외줄타기를 하는 사람은 균형이 맞지 않으면 들고 있는 균형봉으로 중심을 잡는다. 약간이라도 중심이 넘어가면 천 길 낭떠러지로 떨어진다. 전력도 마찬가지다. 순간적으로 수요가 급증하거나 급감할 수 있고 송전선 사고나 발전기 고장으로 공급이 갑작이 줄어들 수도 있다. 이 경우 외줄타기 선수처럼 재빠르게 수요와 공급 균형을 맞추어야 한다. 1초라도 수급이 어긋나면 바로 정전이 될 수 있다.

하지만 원자력은 24시간 동일한 양의 전력만 생산하는 설비다. 순발력이 전혀 없는 전원, 전문 용어로 말하자면 부하추종을 하지 못하는 전원이다. 석탄발전이 어느 정도 가능하나 순발력은 매우 떨어진다. 특히 유휴상태에 있던 석탄발전기가 가동되기 위해서는 상당한 시간이 걸린다.

이명박 정부의 원전확대론이 내심 지향했던 프랑스의 경우 원전 비중을 70% 이상으로 유지할 수 있는 것은 약간의 부하 추종을 하는 것도 있지만 인근국가와 전력을 주고받으면서 수급균형을 맞출 수 있기 때문이다. 불행하게도 우리나라는 섬나라처럼 송전망이 다른 나라와 연결되어 있지 않은 고립전력망이다. 이 경우 전력을 대규모로 저렴하게 저장할 수 있는 장치가 개발되지 않는 한 원전 비중을 40% 이상으로 하기 어렵다. 전력수요의 급증에 안정적으로 대응하기 위해 짧은 시간내에 발전이 가능한 수력이나 천연가스발전도 일정 비율 이상 유지해야 하기 때문이다. 우리나라와 같은 고립전력망에서는 설령 원전이 싸다고 해도 일정 비율 이상으로 원전을 늘이는 데 한계가 있다. 이런 측면에서 이명박 정부가 표방한 원전 비중 60%라는 목표는 공신력 있는 국가계획으로서 매우 부끄러운 일이다.

요컨대 현재의 정책하에서 원전을 확대하면 소비절약 유인이 약해질 뿐만 아니라 유류와 전력 간의 가격격차는 더 벌어지고 에너지 전력화도 지속될 것이다. 늘어나는 전력수요에 대응하기 위한 원전 확대가 전력수요를 더 촉발할 가능성도 있다. 이에 대응하기 위한 지속적인 원전 확대도 쉽지 않다. 원전을 더 건설하면 장거리 송전망도 추가되어야 하고, 이로 인한 사회적 갈등도 심화된다. 이로 인해 송전망의 적기 건설이 불투명해지면 동해안의 대규모 원전이나 석탄발전도 무용지물이다. 또 수도권의 전력수급이 지금보다 장거리 송전망에 더 의존하면 수도권 정전가능성은 높아지고 우리나라 전체 전력수급에도 악영향을 미친다. 원전추진론은 스스로 논리의 정당성과 실현가능성에 대해 냉철하게 점검해 볼 필요가 있다.

▌현실점검이 필요한 에너지전환론
: 에너지전환론의 전환이 필요한 것은 아닐까?

이제 에너지전환론으로 넘어가보자. 이미 언급한 바와 같이 에너지전환론은 전력수요 급증에 대해서는 전력수요의 대폭감소, 공급대안으로서 재생가능에너지의 보급 확대를 강조하고 있다. 하지만 첫째, 전력수요의 대폭적인 감축이 제대로 실현되지 않으면 어떻게 할 것인가? 둘째, 전력공급의 측면에서 기후여건에 따라 불규칙하게 발전하는 간헐성의 재생가능에너지가 고립전력망인 우리나라에서 안정적인 공급대안이 될 수 있을까?

우선, 전력수요가 대폭 축소될 수 있는지 살펴보자. 전력수요는 특별한 상황이 아니면 단기간에 쉽게 꺾이지 않는다. 가능한 절약을 해야 하지만 제조업 중심의 경제활동과 국민소득 증가에 따라 전력수요도 당분간 증가할 것으로 예상된다. 여기에 과도한 에너지 전력화 현상까지 가세하고 있다. 즉 전력수요의 상황이 에너지전환론이 지향점으로 삼고 있는 전력수요 포화상태의 유럽과 다르다. 지금부터 수요절약에 노력한다고 해도 전력수요가 언제쯤 잡힐지 장담할 수 없다. 만일 전력수요의 절감이 에너지전환론이 강조하는 것처럼 제대로 되지 않을 경우 또 다시 국민들에게 정전위기로 협박하여 절전을 강요할 수는 없지 않은가! 더구나 전력수요의 축소는 정부가 절전을 독려한다고 되는 것이 아니다. 궁극적으로 전력수요는 정부가 아니라 시장의 수요자들이 결정하기 때문이다. 따라서 현재의 전력수요를 연착륙시키려면 에너지 가격신호의 정정, 특히 전기요금제도의 개혁이 중요하다.

하지만 이에 대한 진보진영의 입장은 아쉬운 부분이 많다. '전력=공공성=공기업'이란 담론하에 전력요금의 공공성만 강조해서는 전력수요를 잡기 어렵다. 다른 상품과 구별되는 보편적 서비스로서 전력의 공공성은 분명히 존재한다. 하지만 정부개입으로 엉망이 된 전력요금을 시장원가에 부합하는 방식으로 개편하는 것을 전력의 상품화로 매도해서는 곤란하다. 또 송전망으로 인해 발생하는 제반 비용을 그 혜택을 보는 수도권에 부과하자는 지역요금제를 공공성의 훼손으로 봐서도 곤란하다. 저소득층이나 경제적 약자에 중요한 보편적 서비스로서 전력의 공공성은 전기요금제도가 아니라 복지제도나 다른 정책수단으로 충분히 구현할 수 있다.

정부가 지금처럼 전기요금에 자의적으로 개입하는 방식이 유지되는 한 전력수요의 축소는 쉽지 않다. 그동안 정부개입으로 원전이나 석탄의 발전단가가 저평가되고 물가안정이라는 이유로 저평가된 원가조차 요금에 반영하지 못한 것이 에너지 전력화와 이에 따른 엄청난 사회적 비용과 함께 원전 확대라는 부메랑이 되어 돌아오고 있다. 원전에 반대하고 싶은가? 그러면 원전 축소만이 아니라 정부개입의 축소도 함께 주장해야 한다. 이를 위한 최소한의 전력시장개혁에 반대하지 말아야 한다. 발전원가가 제대로 반영될 수 있는 전력시장이 존재해야 이에 대한 정부의 규제도 합리적으로 자리잡을 수 있다. 현재는 정부가 전횡하고 있다고 해도 과언이 아니다. 이러한 나의 주장을 시장만세주의로 오해하지 않기 바란다. '시장의 과잉'과 '정부의 과소'도 문제지만 '시장의 과소'와 '정부의 과잉'도 올바른 해법이 아니다. 더구나 짝퉁 시장주의와 진정한 시장주의는 다르다. 원전에 대한 부당한 지원과 보조를 그대로 둔 채 시장에 맡기자는 주장이 짝퉁 시장주의라면, 원전에 대한 공정한 판단과 엄격한 규제 그리고 이에 기초한 공정한 시장질서를 확립하자는 것이 진정한 시장주의다. 이런 측면에서 원전문제는 전력업계에서 짝퉁 시장주의와 진정한 시장주의를 판별하는 리트머스 시험지라고 할 수 있다.

한편, 진보진영이 주장하는 듯이 전력산업에서 공기업의 역할도 중요하다. 하지만 공기업으로서 원전이 부당하게 누리고 있는 정부 지원과 보조에 대한 정정도 함께 주장해야 한다. 원전의 확대가 공기업 체제 또는 전력 독점 체제와 친화성이 있다는 것이 우연의 일치일까? 이러한 나의 주장을 설익은 신자유주의적 민영화로 오해하지 말기 바란다. 공기업으로서 원전의 역할이 중요하다면, 공기업으로서 원전이 유발하고 있는 사회적 갈등과 폐해에 대해서도 솔직해야 한다. 그것이 진정한 공공성이다.

이제 두 번째 질문인 공급대안으로서 재생가능에너지의 문제로 넘어가보자. 아쉽게도 우리나라의 고립전력망은 재생가능에너지의 급속한 확대에도 큰 장애요인이다. 태양광이나 풍력 등의 재생가능에너지는 기후조건에 따라 발전량이 달라지기 때문에 전력이 필요할 때 마음대로 발전할 수도 없다. 좋던 햇빛과 바람도 순간적으로 급변하여 발전이 중지될 수도 있다. 물론 태양광이나 풍력을 넓은 지역에 분포시키고 이들을 결합하면 개별적인 변동이 상쇄되어 발전의 변동성을 줄어든다. 하지만 비상시에는 속수무책이다. 특히 우리나라와 같은 좁은 국토에서는 나라 전체가 동일한 자연조건하에 들어가는 경우가 많다. 2~3일간 잔뜩 구름 낀 날씨에 태풍이 한반도에 몰아친다고 하자. 태양광은 당연히 저조하지만 풍력 발전도 어렵다. 풍력은 바람이 없어도 문제지만 태풍이 몰아쳐도 급속회전으로 인한 기계적

손상 때문에 발전을 중지해야 한다. 전력수요가 폭등하는, 이른바 바람 한 점 없는 한여름 땡볕 더위도 문제다. 풍력은 당연히 저조하지만 태양광발전도 문제다. 태양광은 햇빛이 너무 강해도 태양판의 고열로 인해 발전효율이 떨어지기 때문이다. 재생가능에너지 비중이 전력공급의 20% 내외만 차지하더라도 위기 상황에서 이를 대신할 엄청난 양의 전력을 급히 조달해야 한다. 더구나 전력은 석유나 가스와 달리 기술적으로나 경제적으로나 대규모 비축이 어렵다.

또한, 재생가능에너지의 간헐성 때문에 앞에서 언급한 외줄타기 선수는 더욱 어려워진다. 원전을 비롯한 기존의 발전기는 일단 가동되면 예상 가능한 수준으로 발전을 한다. 하지만 태양광과 풍력의 경우 발전량 자체를 예측하기 어렵다. 전력수요 변동에 발전량 변동까지 가세하는 셈이다. 재생가능에너지의 비중이 높아질수록 외줄타기 선수의 입장에서는 그만큼 중심잡기가 어려워지는 것이다. 원전은 24시간 동일한 양으로만 발전해서 문제고, 재생가능에너지는 24시간 예측불가능하게 발전해서 문제인 셈이다.

이처럼 재생가능에너지는 공급의 안정성과 전력망의 운용이라는 측면에서 매우 취약하다. 그럼에도 불구하고 에너지전환론이 내심 지향하는 독일이 과감하게 재생가능에너지의 비중을 높이려면 인근 나라와 전력망이 연계되어 있어 비상시 공급확보나 전력망 균형유지가 가능해야 한다. 멀리 갈 것도 없이 우리나라 풍력의 섬 제주도를 봐도 알 수 있다. 제주도에 풍력이 많이 보급될 수 있는 것은 육지의 발전소들이 제주도와 연결된 해저케이블을 통해 전력공급과 아울러 균형봉 역할을 해주기 때문이다. 같은 논리로 우리나라 육지 전체에 재생가능에너지가 많아지면 우리나라 외부에서 누가 그 역할을 해야 한다. 하지만 우리는 불행하게도 고립전력망이다.

그렇다고 재생가능에너지를 접자는 얘기는 아니다. 당장의 보급 여건이 여의치 않다고 재생가능에너지를 포기해서는 안 된다. 에너지전환의 측면에서도 그렇고 미래성장 산업의 측면에서도 그렇다. 다만 고립전력망이란 현실적 제약조건과 우리나라의 부품 및 소재 기술 낙후라는 산업적 제약조건을 고려하자는 것이다. 더구나 에너지전환론에서 기대하듯이 국내 보급목표가 확대된다고 해서 그 혜택이 국내 관련 기업에게 자동적으로 돌아가는 것도 아니다. 그 반대가 될 가능성이 높다. 자국의 재생가능에너지 보급률이 형편없이 낮은 중국의 관련업계가 전 세계시장을 석권하고, 재생가능에너지 보급 확대에 주력하는 유럽의 관련업계가 처참하게 도산하는 것을 보라. 시장은 그렇게 냉정한 것이다. 우리나라의 경우 재생가능에너지의 보급보다는 경쟁력을 갖춘 산업화와 간헐성을 극복하기 위한 기술혁신이 우선이다. 보급속도는 그 추이에 따라 탄력적으로 조정하는 것이 바람직하다. 에너지전환론은 재생가능에너지의 안정적인 보급과 견실한 산업화를 위해서 우리가 처한 현실을 냉철하게 되돌아볼 필요가 있다.

현실적인 실사구시론
: 유류를 활용한 '이이제이(以夷制夷)' 전략

전력수요의 대폭 축소는 장담할 수 없고 원전도 재생가능에너지도 안정적인 공급대안이 아니라면, 도대체 어떻게 하자는 것인가? 역설적으로 들리겠지만 원전과 재생가능에너지가 공동의 적으로 간주하고 있는 화석연료, 우리가 수십 년간 소리 높여 축소를 외쳐왔던 화석연료가 하나의 대안이다. 물론 탈화석연료를 하지 말자는 얘기가 아니다. 탈화석연료는 분명히 장기적으로 추구해야 할 방향이고, 온실가스 감축이라는 지구환경보호를 위해서만이 아니라 에너지의 해외의존 축소라는 우리의 국익을 위해서도 필요하다. 그렇다고 무조건 화석연료를 배척하는 것이 능사는 아니다. 온실가스 감축과 재생가능에너지로의 전환이라는 역사적 대세 속에서 온실가스 배출의 주범이자 반환경적인 화석연료가 어떻게 우리의 대안이 될 수 있다는 것일까? 질문의 형평성을 위해 이 역시 수요와 공급의 측면에서 따져보자.

우선, 우리나라 전력수요의 연착륙을 위해서는 무엇보다 과도한 에너지의 전력화부터 방지해야 한다. 경제활동과 소득증가에 따른 전력수요도 최대한 절약해야겠지만 열이나 난방에너지를 전력으로 사용하지 않는 것이 무엇보다 중요하다. 더구나 전력이 아니라 유류를 열이나 난방에너지로 사용하면 전력수요의 연착륙(수급안정 측면)은 물론 국민경제의 연료낭비 축소(경제적 측면), 온실가스 축소(환경의 측면), 원전과 송전망 건설에 따른 사회적 갈등 해소(사회적 측면)에 이르기까지 일석사조(一石四鳥)의 효과까지 거둘 수 있다.

하지만 정부가 전력을 열이나 난방에너지로 사용하지 말라고 해서 해결될 문제가 아니다. 이를 위해서는 유류와 전력 간의 상대가격을 교정해야 한다. 난방 유류세를 인하하고 원전과 석탄에 과세하는 에너지세제 개편도 필요하고, 저평가된 원전의 정상적인 비용을 요금에 포함시키는 전기요금 개편도 필요하다. 유류세를 낮추고 전기요금은 올리는 것은 난방비 부담이 전기요금 부담보다 큰 서민들의 가계에도 도움이 된다. 원전과 석탄 과세와 같은 에너지세제 개편은 앞으로 불가피하게 늘어날 세수의 안정적인 확보에 기여하며, 전기요금의 정상화에도 도움이 된다. 또한 장기적인 시간이 필요한 전력시장 개혁에 앞서 전기요금에 대한 정부의 정치적 개입을 막고 발전연료비와 물가상승률 등에 기초하여 전기요금을 결정하는 제도적 메카니즘을 도입할 필요가 있다.

한편, 공급의 측면에서 원전 축소와 재생가능에너지 보급 확대 간에 시차가 존재한다면 그 과도기에 안정적인 공급대안이 필요하다. 전력수요의 연착륙에 노력하되 그 시기의 불확실성에도 대비해야 한다. 이 경우에도 역설적으로 화석연료인 천연가스 발전이 대안이 될 수 있다.

첫째, 제일 중요한 공급안정성부터 살펴보자. 천연가스 발전은 원전이나 석탄발전과 같이 대규모의 안정적인 전력공급이 가능한 전원이다. 재생가능에너지와 같은 발전상의 간헐성도 없다. 수요변동에 대응하는 순간적인 공급능력도 탁월하다. 원전이나 석탄발전에 필수적인 장거리 송전망도 필요 없고, 송전망 건설의 불확실성 문제도 적다. 또한 장거리 송전망에 의존할 경우에 발생할 수 있는 송전망 사고와 정전가능성도 낮아진다. 수도권 등 대도시지역의 공급안정성이 그만큼 높아질 수 있다는 것이다.

둘째, 사회적 갈등의 측면이다. 천연가스 발전은 원전이나 석탄발전과 달리 대도시나 소비지 인근지역에 들어설 수 있다. 넓은 공장부지를 가진 제조업체는 자기 앞마당이나 지하공간에도 건설할 수 있다. 물론 천연가스 발전이라고 해서 입지 갈등이 없는 것은 아니다. 하지만 원전이나 석탄발전보다 적고, 장거리 송전망 건설을 둘러싼 사회적 갈등도 적다.

셋째, 환경의 측면에서 천연가스 발전은 화력발전 중에서 이산화탄소 배출이 가장 적다. 석탄발전의 50% 이하다. 원전과 같이 만 년 이상 독성이 지속되는 방사성 폐기물도 배출하지 않는다. 그래서 화석연료임에도 불구하고 천연가스를 청정연료라고 부른다.

물론 단점도 있다. 천연가스 발전은 원전과 석탄보다 비싸다. 원전추진론자나 보수진영에서는 천연가스 발전이 비싸기 때문에 원전의 대안이 될 수 없다고 생각한다. 이는 시장을 강조하는 보수진영답지 않게 원전과 석탄발전의 공정한 시장원가를 생각하지 않기 때문이다. 짝퉁 시장주의와 진정한 시장주의는 여기서도 또 갈린다. 이미 언급했듯이 원전이나 석탄발전에는 세제 혜택을 포함한 여러 가지 보조와 지원이 많다. 이에 비해 천연가스에는 여러 가지 세금과 부과금이 붙어 있다. 이를 동등하게 처리해주면 그 격차는 줄어든다. 더구나 원전과 달리 방사성 폐기물도 배출하지 않고 석탄발전에 비해 대기오염물질이나 이산화탄소 배출도 적다. 이러한 사회적 비용에 원전이나 석탄의 필수설비인 장거리 송전망과 관련된 비용까지 고려하면 천연가스 발전의 경쟁력은 훨씬 높아진다. 우리와 여건이 비슷한 일본의 경우 원전, 석탄발전, 천연가스발전 간에 발전원가 차이가 그리 크지 않다는 것은 여러모로 시사하는 바가 많다. 더구나 경제적 원가를 넘어서는 정전위험 문제와 사회적 갈등문제를 생각하면 천연가스 발전이 불확실한 원전의 가장 현실적인 대안이다.

설령 천연가스 발전이 비싸고 유가변동에 따른 가격상승의 위험이 높다고 해도 마찬가지다. 세상에 아무런 위험이 없는 완벽한 대안은 없다. 위험으로 말하자면 원전만큼 불안한 것도 없다. 원전사고는 우리나라에서 절대 발생해서는 안 되는 것이니 그냥 넘어가자. 원전 확대에 필수적인 송전망 건설의 불확실성, 그 정도와 기간을 가늠할 수 없는 송전망의 사회적 갈등 그리고 송전망 사고에 따른 정전가능성이 더 큰 위험이 아닐까? 전력문제에 관한 한 가격 위험과 수급 위험 중 하나를 택한다면 전자를 택하는 것이 정답이다. 더구나 천연가스 발전의 경우 새로운 형태의 천연가스(셰일가스)가 대량 발굴되면서 가격 폭등의 가능성이 줄어들었고, 내로라하는 국제 전문기관들이 안정적인 '천연가스의 황금시대(golden age of gas)'까지 거론하고 있는 상황이다.

전력문제를 떠나 우리나라 발전설비 산업의 미래도 고려할 필요가 있다. 새로운 천연가스로서 셰일가스가 등장하면서 전 세계적으로 발전설비 산업과 에너지 산업의 대규모 지각변동이 예상된다. 원전설비산업은 후쿠시마 원전사고로 사양화의 길로 접어들 것으로 판단된다. 석탄설비 산업은 온실가스 감축문제라는 제약조건을 안고 있어서 제한적 일 것으로 예상된다. 반면 천연가스 발전설비 산업은 셰일가스의 등장으로 장기적 호황이 예상된다. 우리나라는 외국에 비해 뒤처진 발전설비 산업을 육성하기 위해서 이 호기를 노릴 필요가 있다. 천연가스 발전과 발전설비 산업의 결합은 전력패러다임의 전환과 설비산업 간의 시너지 효과를 창출할 수 있는 윈윈전략이다.

좀 더 시야를 넓혀서 에너지전환이라는 관점에서도 천연가스 발전의 역할은 필수적이다. 우선, 우리나라와 같은 고립전력망에서 재생가능에너지의 변동성을 보완해 줄 수 있는 균형봉 역할은 순발력이 좋은 천연가스 발전이 담당해야 한다. 이를 전문용어로 밸런싱 설비라고 한다. 즉 재생가능에너지가 많아지면 천연가스 발전도 이에 비례하여 증가할 수밖에 없는 관계다. 이에 비해 경직적인 원전과 간헐적인 재생가능에너지는 기술적으로 조화되기 어려운 관계다.

또한, 천연가스 발전으로 원전의 추가 투입을 막는 것이 장기적으로 재생가능에너지로의 전환에도 유리하다. 원자력은 건설비가 많이 들기 때문에 조기에 폐쇄하면 그만큼 손실이 많아진다. 이에 비해 건설비가 적은 천연가스 발전은 폐쇄결정에 따른 손실이 적다. 원전이나 석탄발전 설비와 달리 천연가스 설비는 분해하여 다른 지역이나 나라로 옮겨서 활용할 수도 있다. 즉 설비투자결정에 따른 후회비용이 원전보다 훨씬 적다.

이와 같이 급등하는 전력수요를 연착륙시키고, 원전의 점진적 축소와 안정적인 공급대안을 마련하면서, 송전망 추가 건설에 따른 사회적 갈등과 정전위험을 줄이기 위해서는 전력수급의 양면에서 석유와 가스 등의 유류를 '에너지전환의 징검다리'로 활용할 필요가 있다. 이른바 원전과 화석연료 모두를 적으로 돌리는 것이 아니라, 원전 축소를 위해 화석연료인 유류를 적절히 이용하는 '이이제이(以夷制夷)'의 전략이자, 불구대천의 원수인 화석연료와 같은 배를 타는 '오월동주(吳越同舟)'의 연합이다.

일반적으로 에너지전환론은 탈원전을 위한 정치적 선언이나 재생가능에너지의 보급목표 수치에만 지나치게 집착하는 경향이 있다. 그 자체를 탓할 생각은 없다. 원전 축소든 재생가능에너지 보급이든 정치적 의지나 목표가 출발점이 되기 때문이다. 하지만 그것만으로 부족하다. 현재와 같이 증가하는 전력수요를 연착륙시키지 않으면 그 빌미로 몇 년 뒤에 다시 원전추진론이 등장할 가능성이 있다. 또한 현실 여건을 고려하지 않는 무리한 재생가능에너지 보급은 전력수급의 불안정 등 사회적 부작용을 유발할 가능성이 높다. 원전 축소와 새로운 전력 패러다임의 구축을 위해서는 어떤 정치적 구호와 목표를 외치는가도 중요하지만 그보다 에너지세제와 전기요금이란 가격신호를 바꿀 수 있는 실행 의지가 더 중요하다. 정치구호는 일시적 거품으로 끝나기 쉽지만, 가격신호는 장기간에 걸쳐 시장의 변화를 유발한다. 정치구호는 고작 5년이면 끝나지만, 가격신호는 경제주체의 50년 설비투자에 영향을 준다.

문제의 핵심은 보수진영같이 주어진 가격 신호를 그대로 신봉하는 것이 아니라 왜곡된 가격 신호를 정정하는 것이고, 진보진영같이 겉으로 나타난 정치구호를 신봉하는 것이 아니라 가격신호 정정의 정치적 의지를 실행하는 것이다. 간혹 진보진영의 구호와 목소리는 화려하고 요란하지만 대안과 현실성에서 신통치 않고, 그것이 본의 아니게 보수진영의 이상한 논리를 강화시켜주는 것은 단지 정치판에만 국한된 얘기가 아닌 것 같다.

『실사구시 한국경제』, 2013.

제5부

감성주의와 시장주의
: 톺아보기

미리 보기

제5부는 환경문제와 직간접으로 관련된 책들의 서평과 대담글로 구성되어 있다. 환경문제와 직간접으로 연관되어 있다고는 하나 주제나 내용이 서로 다르고, 대담은 생태운동을 실천하고 있는 활동가와의 대화록이다. 주제와 내용 그리고 글의 형식은 서로 다르지만 서평과 대담의 저변에 깔려있는 공통적인 고민은 환경문제 해결에서 자주 접하게 되는 '영성주의, 생태윤리 혹은 공동체주의의 흐름'을 어떻게 볼 것인가라는 것이다. 일례로 개개인의 생태윤리와 생태영성을 강조하는 '심층생태론(deep ecology)'은 오랜 역사와 철학적 전통을 지니고 있는 대표적인 사례로 환경문제 관련 서적이나 현장에서 이러한 흐름들이 적지 않은 편이다. 생태'경제학자'로서 필자 역시 정책 활동이나 토론과정에서 종종 마주치는 흐름들이기도 하다.

우선, 환경문제는 물론 모든 사회문제의 진단과 처방에서 '철학과 가치관'은 가장 중요한 토대이자 출발점이라는 점은 분명하다. 토마스 쿤의 '패러다임론'을 굳이 인용하지 않더라도 동일한 현상을 어떤 관점에서 보는가에 따라 전혀 다른 인식과 처방이 나오기 때문이다. 지구환경 보존의 최우선적 가치, 앞으로 지구에서 살아갈 미래세대에 대한 생태윤리적 책임, 시장의 사적 이익보다 지역공동체 문화와 가치를 중시하는 것은 환경문제 인식의 출발점이다. 이러한 관점은 자연을 지배하고 이용하려는 인간의 태도와 의식이 지구환경문제의 근본원인이라고 진단하기 때문에 지구환경문제에서 개인의 생태윤리 혹은 영성적 각성 그리고 사익보다 공동체를 중시하는 가치관의 대전환이 없이는 지구환경문제의 근본적인 해결이 어렵다고 본다.

따라서 이러한 흐름들은 가장 고양된 수준의 철학과 가치관으로 무장한 지구환경보전의 선구자들이다. 이러한 선도적인 문제제기가 있었기에 지구환경문제가 공론화되고 다양한 대응책이 마련되는 것이다. 또한 현실에서도 이러한 철학과 가치관에 동의하는 사람들이 많을수록 지구환경문제는 더 빠르게 해결될 것이다.

다만 시장경제 중심으로 운영되는 현대사회에는 매우 다양한 부류의 다양한 가치관을 가진 사람들로 구성되어 있다는 점에 유의할 필요가 있다. 지구환경을 생각해서 자동차를 타지 않는 사람도 있지만, 친환경차 보조금으로 인한 경제적 이득을 생각하고 저탄소 자동차를 구입하는 사람도 있기 때문이다. 인간사회에서 현재 상태에서 더 나은 사회로 혁신을 하는 과정에는 하나의 방법이나 수단만 있는 것이 아니다. 동원 가능한 모든 방법을 사용하는 것이 사회변화를 촉발하는 지름길일 것이다. 이는 서로 다름을 인정하고 제 갈 길을 가자는 무관심과는 다른 것으로 새로운 소통 방식과도 맞닿아 있다.

화이트헤드의 '과정철학'을 생태신학에 적용한 바 있고 생태경제학자의 창시자 댈리(H.Daly)와 공동저작까지 낸 신학자 캅(J. Cobb)은 일찍이 서로 철학과 가치관이 다른 종교 간 소통을 위해 '다원주의를 넘어서(Beyond Pluralism)'라는 새로운 방식을 제안한 바 있다. 캅이 극복하려는 다원주의는 서로 가는 길은 다르지만 결국 같은 정상에서 만난다는 '일원적이고 폐쇄적인 다원주의'다. 캅에 따르면 이러한 다원주의는 상대와 동일한 점을 찾고 차이는 배제하면서 같은 지점으로

가자는 것으로 그 자체가 불가능하기도 하지만(기독교와 불교가 동일한 지점에 도달할 수는 없을 것이다) 서로 간의 차이를 없애려는 갈등을 유발할 뿐 진정한 소통이 아닌 것이다.

캅이 제안하는 소통 방식은 서로가 가는 길은 다르고 도달하는 지점도 다르지만 서로 차이를 배우고 소통하면서 각자의 길과 도달점을 더 풍부하게 하는 그런 '다자적이고 열린 다원주의'라고 할 수 있다. 즉 서로 간의 차이를 없애고 하나로 통일하려는 소통이 아니라 서로의 차이를 인정하고 배우면서 자신의 길과 목표지점을 보다 충실하게 가도록 하는 방식이다. 심층생태론은 자신의 방식으로 자신의 영역을 만들어 가고 생태경제학은 시장 경제의 장단점을 활용·보완하면서 자신의 영역을 만들어 가는 것이다. 화이트헤드의 표현을 빌리자면 이러한 '다자(多者)의 실천'이 '관계적 연관'을 통해 지금보다 더 나은 사회를 '생성'해 나가는 것이 아닐까 한다.

자신의 가치관이나 종교, 자신이 속한 집단과 진영만이 선이고 그게 아니면 악이라는 이분법적 갈등과 폐해를 우리는 굴곡의 한국 역사와 기형적인 정치 현실에서 수십 년째 경험하고 있다. 한국 경제의 에너지와 환경문제 역시 이러한 편향에서 벗어날 필요가 있다.

01

'기적의 경제학'과 '예수의 생태학'*

: 경제와 종교의 생태화

1866년 헥켈(E. Haeckel)을 시조로 하여 출발한 생태학(ecology)은 그 어원으로 보나 내용상 연관성으로 보나 경제학(economics)과 긴밀한 공조관계를 유지할 필요가 있었다. 하지만 '자연의 경제'인 생태학은 인간의 경제행위를 도외시한 채 자연생태계에만 몰두하고, '인간의 경제'로서 경제학은 자연생태계를 도외시한 채 인간의 경제활동에만 전념하면서, 학문의 세분화와 단절이란 근대과학의 흐름을 타고 각자 제 갈 길을 가게 된다.

생태학의 대상인 '자연의 경제'와 경제학의 대상인 '인간의 경제'는 결코 별개의 것이 아니다. 오히려 에너지와 물질의 흐름이란 끈끈한 핏줄로 연결된 일종의 공동운명체라고 할 수 있다. 생태계는 인간의 경제활동이 필요로 하는 에너지와 물질을 제공하며(에너지와 물질의

---

* 이 글은 『생태적 경제기적』(프란츠 알트 지음/ 박진희 옮김/ 양문)과 『생태주의자 예수』(프란츠 알트 지음/ 손성현 옮김/ 나무심는사람)에 대한 필자의 서평을 옮긴 것이다.

제공), 인간 경제활동에서 발생한 에너지와 물질 폐기물을 처리해준다(폐기물의 처리). 또한 생태계는 인간 경제활동의 모태일 뿐만 아니라 지구상의 모든 생명활동을 뒷받침하는 생명기반체계이기도 하다. 인간 경제활동의 규모와 방식에 따라 생태계의 에너지와 물질 흐름에 변화가 생기고, 이로 인해 변화된 생태계는 다시 인간을 포함한 지구상의 모든 생명체들의 활동에 되먹임 작용을 한다.

그런데 최근에 이르러 생태계와 경제활동의 상호작용과정에서 큰 문제들이 발생하기 시작하였다. 지역적인 환경파괴 및 오염에서부터 전 지구적 차원의 환경파괴(지구온난화, 오존층의 파괴, 생물종 다양성 감소)에 이르기까지 인간의 경제활동이 지구생태계가 지탱할 수 있는 위험수위를 넘나들고 있다는 우려와 비명이 여기저기서 터져 나오고 있다. 이는 인간의 경제활동이 생태계와 생태학적 원리를 고려하지 않은 채, 눈앞의 이익에만 몰두하는 근시안적 시장원리에 의존한 결과이다. 이러한 급박한 상황이 뒤늦게 마나 생태학과 경제학 간의 대화 분위기를 조금씩 만들어 가고 있다.

▌생태학과 경제학의 뒤늦은 대화

프란츠 알트의 두 저서는 바로 이러한 취지에서 생태학과 경제학 간의 결합, 생태계의 원칙에 기초한 경제활동, 인간사회 전체의 생태화를 주장한 책이다. '거의 50억 년의 역사를 관통해온 생태계의 원칙을 불과 200년 역사의 경제학이 무시하는 지금과 같은 경제활동 방식으로는 인류의 생존을 장담할 수 없으며'(『생태적 경제기적』, 158쪽), 인류사회는 궁극적으로 '평화와 생태 그리고 민주주의를 구현하는 예수의 정신적 생태학'(『생태주의자 예수』, 15쪽)을 지향해야 한다는 알트의 주장은 이러한 문제의식을 단적으로 보여준다. 또한 생태학과 경제학 간의 결합이라는 문제의식을 단순히 이론 차원이 아니라 구체적인 현실 상황 속에서 접목시키고 있다는 점도 주목할 만하다. 모두 비슷한 문제의식과 내용을 다루고 있지만, 『생태적 경제기적』이 일반인을 대상으로 하여 경제의 생태화에 중점을 두고 있다면, 『생태주의자 예수』는 경제의 생태화를 일부 포함하면서도 기독교의 생태화에 비중을 둔 책이다. 본 서평은 두 권의 책을 별도로 다루기보다, 양자가 포괄하고 있는 두 가지 큰 주제(경제의 생태화와 기독교의 생태화)에 따라 접근하고자 한다.

기적의 경제학과 노동의 생태화

알트가 경제의 생태화를 통해 실현하려는 것은 바로 '생태적 경제기적'이다. 즉 독일사회의 최대난제인 불황과 실업문제, 그리고 심각한 생태문제를 '기적의 경제학'이란 초록빛깔로 채색하여 '라인강의 기적'에 이은 또 하나의 경제기적을 이루자는 것이다. 그 기본적인 전략은 환경산업의 육성에 기초하여 경제를 생태화하고, 이를 통해 새로운 고용을 창출하는 것이다. 이를 위해 알트는 고용창출 효과가 큰 태양에너지 및 풍력 산업을 육성하고, 대중적인 교통체계를 생태친화적으로 혁신하며, 생태적인 수자원관리와 아울러 유기농업을 활성화할 것을 제안한다(『생태적 경제기적』의 제2장~제4장 및 『생태주의자 예수』의 제3장-제7장). 특히 알트에게 태양 및 풍력 에너지는 단순히 고용창출이나 생태적 의의를 넘어서 에너지 독점기업과 이에 결탁한 관료주의적 권력을 민주화시키고, 화석연료를 둘러싼 세계적인 갈등과 전쟁을 종식시킨다는 점에서 사회민주화와 세계평화의 시금석이기도 하다.

얼핏 보기에 이러한 전략은 새로운 성장산업을 육성하여 성장의 엔진을 가속화시킨다고 하는 전통적인 경제정책의 외형을 띠고 있다. 하지만 그 내면적 함의는 확연히 다르다. 이는 알트가 주장하는 새로운 고용형태와 제도에서 확연히 드러나는데, 알트는 환경산업에 기초한 고용의 양적 창출을 넘어서서 고용형태 자체의 질적 전환을 강조한다. 즉 남성 중심의 경직적인 고용제도를 유연화하여 노동시간을 단축하고, 이를 통해 여성에게 더 많은 노동기회를 창출하자는 것이다(노동의 여성화). 그리고 남성들의 단축된 노동시간을 가사노동과 가족을 위한 시간으로 활용함으로써 물질적 욕망 속의 시간적 빈곤을 생태적 자각 속의 시간적 풍요로 전환하고 이를 통해 완전고용과 아울러 참된 노동의 의미를 복원하자는 것이다(노동의 생태화). 산업의 생태화, 노동의 여성화와 생태화, 그리고 이를 통한 완전고용! 이것이 바로 알트가 말하는 생태적 경제기적의 요체이다.

이러한 알트의 주장은 외견상 대립적이라고 할 수 있는 실업문제와 환경문제를 조화시키고 있다는 점에서 큰 의미가 있다. 또한 실업문제, 생태문제, 여성문제 나아가 사회민주화와 세계평화문제를 별개로 보지 않고 이들을 생태적인 조망하에 통합하고 있다는 의의도 있다. 이 전략이 독일 상황에서 비롯된 것이기는 하지만 여타 나라에도 적용될 수 있는 가능성이 있다. 특히 여건을 다르지만 최근 경제위기와 세계화의 물결 속에서 실업문제가 큰 사회적 이슈가 되고 있는 한국 경제도 예외가 아니다.

한국 경제 역시 지난 수십 년간에 걸쳐 '한강의 기적'을 이루어 내었지만, 외환위기로 인한 경제위기의 여파에서 아직 벗어나지 못하고 있다. 일부 대기업은 세계화 분위기 속에서 IT기술의 고용절감 효과와 노동시장의 유연화, 그리고 중국, 인도 등 BRICs 국가로의 진출 등에 힘입어 승승장구하고 있지만, 점차 그 과실이 국민경제와 괴리되면서 국내고용 등으로 확산되지 못하고 있다. 이로 인해 일부에서는 '고용 없는 성장'까지 거론되는 실정이다. 이러한 상황에서 알트의 전략은 우리의 입장에서도 충분히 고민해볼 만한 주제이다. 하지만 우리의 실정에 비추어볼 때 몇 가지 유의할 점은 있다.

우선 독일의 경우, 반핵운동의 성장과 녹색당의 득세 그리고 비교적 높은 수준의 시민환경의식이 뒷받침되어 있고, 태양광이나 풍력의 산업적 여건이 어느 정도 구비되어 있기 때문에 알트의 주장대로 '준비는 다 되어 있고 실천을 위한 정치적 결단만 남았다'고 할 수 있을지 모른다. 하지만 한국의 사회의식이나 환경 관련 산업의 여건은 여전히 미흡한 상황이라고 할 수 있다. 현재 국내에서 논의되고 있는 환경 관련 산업도 세계시장의 여건과 한국의 기존 산업구조를 감안하여, 어떤 분야에 어떻게 접근해야 할 것인지를 충분히 검토해야 한다. 어떻게 보면 한국은 '실천을 위한 정치적 결단보다 제대로 준비를 하기 위한 정치적 결단'이 필요한 단계이다.

한편, 알트의 전략 가운데 우리가 가장 경계해야 할 부분은 고용형태의 전환문제이다. 노동의 유연화는 현재 한국 상황에서는 악용될 소지가 많고, 또 그렇게 되고 있기 때문이다. 독일 등의 유럽 선진국과 달리 한국은 고도성장과정에서 실업이나 빈곤에 대한 사회안전망을 충분히 갖추지 못하고 있다. 전체 노동자 중 30% 내지 50%를 차지하면서도 저임금과 불평등한 대우를 받고 있는 비정규직 노동자 문제, 빈곤과 생활고로 허덕이는 사회빈곤층의 문제는 그 단적인 예이다. 사회안전망이 결여된 상황, 게다가 기업경영의 불투명성으로 인한 불신이 가시지 않은 한국 사회에서 노동의 유연화 전략은 쉽게 논의될 수 있는 분위기가 아닌 것으로 보인다.

그렇다고 알트의 전략 자체가 한국 경제에 전혀 무의미하다는 것은 아니다. 남성 중심의 고용형태와 제도 그리고 일부 대기업 노동조합에서 나타나는 경직성 문제는 우리로서도 풀어야 할 과제이기 때문이다. 하지만 독일과 달리 한국의 경우, 그것을 풀기에 앞서 해결해야 할 사회정치적 및 경제적 선결과제들이 많다는 점은 충분한 주의를 요한다. 사회발전의 외형적 변화는 순식간에 가능할 수 있지만, 그 내용상 비약은 좀처럼 허용되지 않기 때문이다.

▮산상설교와 예수의 생태학

사회 전반에 걸친 생태화를 주장하는 알트에게 종교라고 해서 성역이 될 수 없다. 『생태주의자 예수』는 바로 그러한 노력의 일환이다. 사실 불교나 도교와 달리 기독교와 생태문제는 일반인들이 보기에 좀 생소하다. 오히려 기독교의 경우, 인간들에게 만물을 지배하라는 내용이 담긴 창세기 1장을 물고 늘어진 린 화이트(Lynn White)때문에 본의 아니게 환경문제의 사상적 원흉으로 몰리기도 하였다. 하지만 알트는 '예수의 생태학'을 통해 기독교의 새로운 면모를 보여주려고 하며, 그 이론적 토대를 '생태신학' 혹은 '창조신학'에서 구하고 있다.

생태신학이 해석하는 신은 전통신학(정확히 말하자면 동방교회가 아닌 서구교회의 전통신학)에서 말하는 신, 즉 인간구원의 단순한 배경무대로서 자연 그리고 그 속에서 오로지 인간 구원에만 관심을 지닌 가부장적 이미지의 유일신이 아니라, 자연을 포함한 우주만물에 내재하면서 초월적이고(범재신론) 인간 구원만이 아니라 자연을 포함한 우주만물의 구원을 위해 연속적인 창조행위를 하는 신이다.[1] 따라서 자연은 단순히 무대배경이 아니며, 인간을 포함한 우주 자연 전체가 어떤 최종점을 향하는 신의 '연속적인 창조행위'속에서 이해된다. 또한 그리스도는 인간만의 그리스도가 아닌 만물의 그리스도, 즉 우주적 그리스도가 된다. 알트는 이러한 논의의 연장선상에서 전통신학을 비판하면서 열린 형태의 새로운 신앙을 촉구하고 이를 통해 생태문제 나아가 여성문제 및 평화문제에서 기독교의 책임과 역할을 새롭게 하려고 한다.

이러한 알트의 의도는 그 자체로 매우 중요하고 또 호감이 가는 시도이다. 사실 전통신학의 역사해석이나 인간 중심의 구원신앙은 구복적인 개인주의, 사회문제에 대한 무관심과 탈정치화, 가부장적

---

1) 알트가 언급하고 있는 범재신론은 신이 우주만물에 내재해 있으면서도 초월해있다는 점에서 내재성만을 언급하는 일반적인 범신론과 다르다. 생태신학은 범재신론에 기초하여 자연에 대한 영성적 지혜를 통한 창조주 인식과 신의 끊임없는 자연창조과정을 강조하는데, 이는 곧 성경 해석에서 자연의 위치를 격상시키는 효과를 가져온다. 참고로 알트가 의지하고 있는 생태신학은 창세기의 재해석과 창조교리의 중요성을 강조한 클라우스 웨스터만(C. Westermann)에서 출발하여 범재신론, 과정신학(고정불변의 신이 아닌 끊임없이 역동적인 과정 속에서 변하는 신) 그리고 자연과학의 성과(진화론과 양자물리학)의 영향하에 정립된 신학으로 판단된다.

이데올로기 그리고 자연 경시의 풍조를 방조할 가능성이 있기 때문이다.[2] '예수에게 속죄-죽음-구원 같은 사유의 도식이 없다'(『생태주의자 예수』, 36쪽)고 선언하면서 예수에 의존해서 크리스천으로서 자기책임을 면하려는 일반 신자들의 태도를 강하게 질타하는 것이라든지, 전통교리 속의 추상적인 예수를 단호하게 십자가에 못 박고, 생태주의자 예수를 과감하게 부활시키는 것(『생태주의자 예수』의 제1장과 제2장)도 바로 이러한 문제의식과 무관하지 않다.

하지만 중대한 의미와 엄청난 호감에도 불구하고 몇 가지 우려와 아쉬움은 남는다. 우선, 알트의 논의과정에서 일부 나타나는 것처럼 생태신학에 내재하고 있는 영성주의적 혹은 신비주의적 요소의 문제이다. 심층생태론(deep ecology)과 유사하게 자연에 신성이 내재한 것으로 보고, 이에 대한 영성적 자각을 통해 우주적 지혜를 얻는다는 관점은 그 자체로 자연에 대한 애착과 감수성을 유발한다는 점에서 매우 소중하다. 하지만 이것이 자칫 생태문제 인식에서 또 다른 형태의 개인주의적 경향을 초래할 위험성, 사회나 환경문제에 대한 사회구조적 관점을 간과할 위험성이 있다.

이런 차원에서 비록 생태적 관점이나 페미니즘의 관점이 결여되어 있고 많은 문제점을 지니고 있지만, 전통신학의 개인주의적이고 탈역사적인 경향을 사회구조적이고 역사적 관점에서 극복하려고 했던 해방신학의 방법론이나 이에 기초한 '그리스도 이전의 예수'에 대한 사회학적 해석은 한번 되짚어볼 만하다. 창조질서를 신뢰하는 '예

2) 전통 기독교 신학에 대한 이러한 서술이 특정 종교에 입각한 기독교 비판으로 오해되지 않았으면 한다. 참고로 필자는 개인적으로 어떤 종교도 가지고 있지 않다.

수의 영성적인 생태학'도 중요하지만, 예루살렘 성전을 뒤엎는 '예수의 날카로운 사회학'도 중요하기 때문이다.

이와 관련하여 알트가 생태적 예수를 강조하기 위해 언급한 성경 구절의 인용과 해석 역시 일말의 아쉬움이 남는다. 알트가 예수에 대한 의존성을 탈피하여 스스로에 대해 책임 있는 자세를 강조하면서도 예수의 언행에서 굳이 생태학적 요소나 관점을 찾아내려는 것은 어색하다. 예컨대 알트가 마태오 복음의 산상설교 해석에서 '만인에게 고루 돌아가는 태양과 비'를 재생에너지의 이미지로 연결하려는 것이라든지 '이웃을 사랑하는 것'에서 '이웃'을 모든 피조물을 포함하려는 것으로 해석하는 것 등은 선뜻 동의하기 어렵다. 물론 알트가 '마태오의 설득전략'[3]처럼 예수의 권위를 빌려 일반 크리스천에게 생태적 관점을 전달하려는 의도 자체는 충분히 이해할 만하다. 하지만 지나친 확대해석은 오히려 대중적 설득력을 떨어뜨리고, 최악에는 알트 스스로가 경계하고 있는 성경의 '유치한' 해석으로 폄하될 가능성이 있다.

한편, 복음서가 비유로 사용하고 있는 여러 가지 단어와 이미지가 농경문화적이고 생태적인 특징을 보이는 것은 당시 농업 중심의 역사적 상황에서 당연한 것임에도 불구하고, 이를 예수의 생태성이나 기독교의 생태성으로 파악하는 것은 지나친 해석이다. 비유는 어디까지

---

3) 마태오 복음서는 모세와 구약을 중시하는 유대교인들에게 예수의 그리스도성을 설득하기 위해 쓰인 것이다. 따라서 마태오는 유대인들이 신망하는 모세의 권위를 빌리는 서술구조를 취하고 있는데, 다른 복음서에 없는 아기 학살의 사건(모세의 탄생 배경)이나 설교의 무대로서 산(모세 십계명의 배경으로 시나이산)을 설정한 것은 바로 그 증거라고 할 수 있다. 그런 의미에서 산상설교에서 예수의 생태적 언행을 찾으려는 알트의 시도는 마태오적인 전략이라고 할 수 있다.

나 문장의 내용을 전달하기 위한 보조적인 장치일 뿐 그 이상은 아니기 때문이다.

물론 예수의 생태성을 복음서에서 찾는 것이 나쁘다는 것은 아니다. 하지만 지나치게 무리할 필요는 없다는 생각이다. 예수가 당시 시대 상황에서 삶의 과정을 통해 보여주었던 정신과 자세가 중요한 것이지, 이를 구체적으로 어떤 말과 비유로 표현하였는지에 대한 훈고학적 고증은 그리 중요하지 않다. 크리스천으로서 예수의 정신과 자세를 본받아 현실의 문제를 고민한다면 당연히 생태문제를 비롯한 여러 가지 사회문제들을 인식할 수밖에 없고, 생태적 예수는 그러한 현재 크리스천의 모습 속에 역동적으로 체현되는 것으로 봐야 한다.

그런 의미에서 추상적인 교리 속의 예수가 아니라 '갈릴리 나사렛으로 돌아가야 한다. 거기서 예수의 생태주의, 생태적 예수를 만나게 될 것'(『생태주의자 예수』, 37쪽)이라는 알트의 말에 대해 기본적으로는 동의하면서도 약간의 단서를 달고 싶다. 추상적인 그리스도로서의 예수가 아닌 갈릴리의 '원산지 예수'로 돌아가자는 것은 매우 중요한 관점이다. 하지만 적어도 생태적 예수는 갈릴리에서 만날 것이 아니라 북극이나 아마존 숲에서 찾는 것이 더 생산적이라는 생각이다. 그렇지 않고 갈릴리의 예수에서 곧바로 생태적 예수를 끄집어내는 것은 전통신학과 유사하게 예수를 탈역사화시키고 성경 해석을 그릇되게 신비화시킬 가능성이 있기 때문이다.

이러한 몇 가지 우려와 아쉬움이 있다고 해서 이것이 결코 알트의 저작이 지닌 값어치를 훼손하는 것은 결코 아니다. 또 영성주의가 종교에서 갖는 중대한 의의를 부정하는 것은 더 더욱 아니다. 영성주의의 긍정성을 유지하면서도 그것을 과도하게 신비화하지 않는 방식으로 종교를 생태화시키고, 이를 통해 크리스천을 포함한 모든 종교인들이 생태문제나 사회문제에 적극적인 관심을 갖도록 하는 것은 우리로서도 매우 시급한 일이다. 그런 의미에서 알트의 문제제기는 한국 교회라는 '비옥한 땅'에 떨어진 소중한 '겨자씨'임에 틀림이 없다.

『녹색평론』 76호, 2004.

02

'감성적 생태주의'와 '냉혹한 시장주의'에서 벗어나기*

안드레아스 베버가 쓴 『자연이 경제다(Biokapital)』는 생태경제학을 기반으로 하여 자연과 경제를 조화시키고, 이를 통해 자연생태계의 보전과 인간의 진정한 행복을 추구하려는 대중적인 해설서다. 국내에 생태경제학적 사고를 표방한 책들이 그리 많지 않은 상황에서 생태학자이면서 환경론자의 입을 통해 생태경제학의 내용을 접한다는 것은 그 자체로 반가운 일이 아닐 수 없다.

먼저, 우리의 주목을 끄는 것은 책의 원제목이다. 환경의 적으로 여겨졌던 경제학의 '자본' 개념을 차용하여 책 제목을 '자연자본(Biokapital)'으로 정한 것부터가 예사롭지 않다. 환경론자임에도 불구하고 저자가 과거 환경운동에 대한 비판으로 책을 시작한 것도 이색적이다. 저자는 책의 첫머리에서 '경제는 결코 자연의 적이 아니다'라고 선언하면서, 경제학을 무조건 배척한 과거 환경운동에 대한 반성을 촉구하고 있다. 아마 저자는 이를 통해 아무런 경제적 가치도 없고

* 이 글은 안드레아스 베버의 저서 『자연이 경제다』에 대한 서평을 옮긴 것이다.

공짜라고 생각하였던 자연생태계가 실은 엄청난 경제적 장사밑천이 된다는 사실을 말하고 싶었을 것이다. 윤리적 감성보다 경제적 계산에 더 익숙해진 현대인에게는 자연을 보호하자는 도덕적 호소보다 자연의 경제적 가치를 돈으로 환산해 보이는 것이 더 설득력이 있기 때문이다.

물론 경제학의 자본 개념을 수용한다고 해서 저자가 경제학의 모든 것을 여과 없이 받아들이는 것은 아니다. 오히려 저자는 주류경제학, 특히 단기적인 이득추구에 골몰하는 '경제인'과 물질적 경제성장만을 신봉하는 '성장중독증'에 대해서는 아주 신랄하게 비판하고 있다. 이기적이고 냉혹한 시장경제, GDP 크기에만 골몰하는 경제성장으로는 인간과 인간, 나아가 인간과 자연 간의 조화를 이룰 수 없다는 것이 저자의 진단이다. 나아가 냉혹한 시장주의 경제학의 배후로 다윈의 진화론과 뉴턴의 고전역학을 지목하고 이에 대한 비판도 소홀히 하지 않는다.

극단으로부터의 탈출: '절반의 성공'

이런 측면에서 이 책은 환경론의 '감성적 생태주의'와 주류경제학의 '냉혹한 시장주의'를 동시에 넘어서려는 시도라고 할 수 있다. 이러한 저자의 의도는 책의 짜임새에서도 드러나는데, 제1장은 자연생태계를 경제적 가치를 창출하는 '자연자본'으로 해석하고, 제2장에서 제4장까지는 '자연자본'을 제대로 이용할 수 있는 올바른 경제적 가치관과 이에 기초한 진정한 행복과 진보를 역설하고 있다. 여기서 저자는 현대사회가 이룬 '물질문명의 진화'가 결코 '올바른 진보'가 아니며, 주류경제학이 금과옥조처럼 여겨온 'GDP의 증가'가 결코 '행복의 증대'가 아니라는 점을 강조한다. 이러한 전제하에 저자는 제6장에서 자연을 존중하면서 행복을 증대시키는 경제활동의 십계명을 제시하고, 제7장에서는 이에 부합하는 새로운 정치를 위해 '시장의 정치'를 '생명의 정치'로 전환할 것을 강조하고 있다.

현대 과학의 칸막이식 분위기 속에서 생물학을 전공한 저자가 인문과학으로서 경제학을 거쳐 생태경제학 나아가 생명의 정치학까지 두루 섭렵한 것은 매우 인상적이다. 어쩌면 그 자체만으로 이 책은 이미 '절반의 성공'을 거두었다고 할 수 있다. 하지만 '나머지 절반의 성공'을 위해서 몇 가지 점은 보완할 필요가 있다.[1)]

▌'생태경제학'에 대한 약간의 오해

우선, 생태경제학과 관련된 부분을 보기로 하자. 첫째, 생태경제학에 대한 불명확한 서술이나 해석문제이다. 돈으로 환산하면 자연생태계가 엄청난 가치를 지닌다는 사고는 자연을 공짜로 생각하는 것보다 자연생태계 보존에 유용하다. 그렇다고 자연생태계에 가격표를 붙이는 것만으로 모든 문제가 해결되는 것은 아니다. 주류경제학과 달리 생태경제학은 자연생태계의 가치를 돈으로 따지기 전에 자연생태계의 수용능력을 감안하여 인간이 사용할 수 있는 자연생태계 이용의 최대한도를

1) 이하 문제점 중 일부는 원저의 오류인지 번역상 오류인지 판단하기 어려운 측면이 있다. 일단 여기서는 번역된 내용에 기초하여 평가한다.

먼저 설정할 것을 요구한다. 저자가 인간다운 경제를 위한 십계명에서 강조한 자연생태계 이용의 '제한'은 이를 의미한다. 그럼에도 불구하고 '생태경제학자들은 자연이 가치를 가지고 있다면, 시장의 보이지 않는 손이 스스로 자연을 보호할 것이라고 확신하고 있다' 등과 같은 일부 서술은 생태경제학이 마치 자연생태계에 가격표만 붙이면 모든 환경문제가 해결된다는 주장을 하는 것으로 잘못 해석될 소지가 많다.

둘째, 경제성장에 대한 비판문제이다. 물질적 경제성장에 대한 비판은 그 자체로 정당하다. 지속적으로 성장해야 하는 것은 경제가 아니라 자연의 건강과 인간의 정신적 건강이라는 말도 수긍할 수 있다. 그렇다고 경제성장 자체가 무조건 매도되어서는 곤란하다. 오히려 어떤 내용의 경제성장인가라는 것이 중요하다. 이런 측면에서 경제성장과 자연생태계 파괴 간의 연결고리를 단절하기 위한 생태경제학의 '자원혁신형 경제성장'은 고려해 볼 만하다. 아울러 일부 지역에서는 '물질적 성장의 과잉'이 문제가 되지만, 다른 지역에서는 '물질적 성장의 부족'이 환경과 인간성 파괴를 유발하기도 한다. 이러한 차이를 고려하지 않고 경제성장 일반을 비판하고 인간의 '정신적 성장'만 너무 강조하면, 자칫 대중성을 상실한 '감성적 생태주의'라는 비판에 직면할 가능성이 있다.

셋째, 진화론(혹은 진화경제학)에 대한 일면적인 평가이다. 저자는 주류경제학에서 말하는 '성장=진보'를 비판하기 위해 그 배후로 다윈의 진화론을 지목하고, 책의 곳곳에서 다윈의 진화론에 대해 '진화=진보'라는 목적론적 사고방식이라고 비판하고 있다. 다윈의 진화론이 '세상은 필연적으로 계속 완전해져 가며 진부하고 불완전한 것들은 버려진다는 것, 진보는 멈추지 않고 계속 진행'된다는 사고방식이라

고 비판한 것은 단적인 예이다.[2)]

하지만 다윈의 진화론 자체가 오히려 '진화=진보'라는 목적론적 사고에 대한 비판이라고 보는 것이 타당하다. 이는 다윈이 초기에 목적론적 진보라는 뜻의 '진화'라는 단어를 사용하지 않은 것에서도 알 수 있다. 진화론에 대한 이러한 오해는 저자가 다윈의 '원본 진화론'보다 스펜서의 '짝퉁 진화론'에 의존하였기 때문이 아닌가 한다. 이는 자칫 주류경제학에 대한 비판도구로서 진화론을 채용한 진화경제학(제도주의 경제학)에 대한 오해까지 유발할 가능성이 있다.[3)]

▌다소 아쉬운 '생명정치론'

생태경제학에서 생명정치학으로 넘어가면 보완할 점은 더욱 많아진다. 우선, '감성적 생태주의'로부터의 불완전한 탈피이다. 저자는 경제 분야에서 감성적 생태주의를 반성하면서도, 정치 분야에서는 감성적 생태주의에 그냥 안주하고 있는 것으로 보인다. 서구의 정치

---

2) 저자는 진화론만이 아니라 주류경제학의 모태가 된 고전역학을 비판하는 데에도 다소 부적절한 논거를 동원하고 있다. 저자는 자연과학의 객관성과 확실성을 주장하는 고전역학을 비판하기 위해 상대성이론과 양자역학을 내세우고 있는데, 상대성이론은 고전역학의 절대시간과 절대공간에 대한 비판일 뿐, 자연과학의 객관성과 확실성을 주장한다는 점에서는 오히려 고전역학과 동일하다. 아인슈타인이 '신은 주사위 놀이를 하지 않는다'(자연법칙이 불확실성에 좌우될 리가 없다는 뜻)며, 양자역학을 강하게 비판한 것도 자연과학의 객관성과 확실성을 옹호하기 위해서였다.

3) 생물학자 굴드와 르원틴이 성당의 건축물(스팬드럴)까지 들먹이며 상대방과 치열한 이론논쟁을 벌인 것도 '진화=목적론적 진보'를 다윈의 진화론으로 오해하는 것을 비판하기 위해서였다. 생태경제학이 주류경제학을 멀리하고 진화경제학(제도경제학)을 가까이하는 이유 역시 '진화=진보'라는 목적론적 진화론을 거부하기 때문이다.

('시장의 정치')가 중국이나 인도로 전파되는 것을 비판적으로 본다든지, 그 시도가 조만간 실패로 돌아갈 것으로 전망하면서 생명의 정치로 갈 것을 권유하는 것은 그 단적인 사례이다. 근대적인 정치조차 제대로 구현하지 못한 개도국에 대해 이를 생략하고 곧바로 '생명의 정치'로 가야 한다고 주장하는 것은 다소 성급하고 낭만적인 판단이다.

저자의 이러한 생명정치론은 온실가스 감축에 소극적인 중국과 인도를 비판하는 점에서 절정을 이룬다. 모든 행위의 배경을 거두절미하고, 그것이 생명이나 환경을 위한 것인가 아닌가라는 생태윤리적 잣대만 들이대면, 사회구조적인 문제 나아가 환경 정의 문제가 소홀히 다루어진다. 저자는 중국과 인도가 기후변화에 참여하기 거부하는 배경과 맥락에 대해서 좀 더 사려 깊게 생각할 필요가 있다. 그렇지 않으면 감성적 생태주의의 '무정부주의적 순수성'이 자신의 역사적 책임을 개도국에 전가하는 선진국의 '국가적 이기주의'와 동일한 정치적 효과를 유발하기 때문이다.[4)]

둘째, '감성적 생태주의'의 적절한 위치 매김이다. 생명정치론이 지닌 한계를 언급한다고 해서 '감성적 생태주의' 자체가 나쁘다는 것은 아니다. 감성적 생태주의는 개개인의 결단과 변화의 중요한 출발점이자 자양분이다. 문제는 사회구조적인 문제에 대해 감성적 생태주의를 과도하게 적용하는 것이다. '감성적 생태주의'가 너무 지나치면, 자칫 무정부주의이나 생태파시즘적 경향으로 치닫게 된다.

---

4) 주류경제학과 구별되는 생태경제학의 중요한 특징 중의 하나가 바로 사회적 형평성 중시이다. 중국이나 인도가 온실가스 감축에 동참할 것을 요구하려면, 미국 등 선진국의 과감한 감축목표 선언과 개도국에 대한 자금 및 기술지원이 선행되어야 한다. 그것이 국제적 형평성이나 환경정의를 도모하면서 기후변화를 방지하는 첩경이다.

▌'저탄소 녹색성장'의 광풍을 넘어

끝으로 책의 내용과 무관하게 서술이나 번역으로 인한 사소한 불편함도 개선할 필요가 있다. 저자는 전문적인 내용을 소개하면서 저자가 알고 있는 어떤 생태경제학자의 일상적 경험을 동시에 혼합해서 서술하고 있다. 이러한 서술방식은 자신의 정확한 논지 전달은 물론 독자들의 편안한 독서를 어렵게 한다. 아울러 이는 번역상 어려움을 유발하고, 번역본 독자들의 독서를 더욱 불편하게 한다. 저자는 객관적 사실에 기초한 설명과 문학적 감수성에서 비롯되는 수필을 구별할 필요가 있다.

하지만 이러한 문제와 불편함, 이로 인한 '불완전한 성공'에도 불구하고, 이 책이 우리에게 주는 의미는 적지 않다. 이는 전대미문(前代未聞)의 저탄소(=원전) 녹색성장(=토목성장) 광풍과 이에 대한 정치적 역풍이 부딪치는 한국의 상황 역시 '냉혹한 시장주의'와 '감성적 생태주의'에서 자유롭지 않기 때문이다. 이런 상황에서 양 극단을 벗어나려고 하는 이 책은 그 시도 자체만으로 우리에게 시사하는 바가 많다. 한국사회에 전자의 광풍이 사라지고, 후자가 부드러운 순풍이 되면 한국사회는 지속가능한 사회로 순항하게 될 것이다.

『환경과생명』 61호, 2009.

03

돈의 얼굴을 한 인간 세계의 극복을 위해*

지역교환거래체제(Local Exchange and Trading Systems), 즉 레츠(LETS)란 국가가 발행한 화폐(국가화폐)가 아닌 지역화폐를 이용하여 지역공동체 구성원 간에 물자나 서비스를 거래하는 체제를 말한다. 좀 단순히 말하자면 지역화폐를 이용한 세련된 물물교환시스템 혹은 품앗이다. 얼핏 보기에는 레츠가 화폐형태로 포장만 하였을 뿐 시대를 거슬러 과거로 돌아가자는 것이 아닌가하는 오해를 받을 수 있다. 아니면 어린 아이들의 소꿉장난처럼 이상한 위조지폐(?)로 재미있는 시장놀이를 하자는 것으로 비추어질 수도 있다. 하지만 레츠는 과거 시간으로 돌아가는 행위도, 색다른 놀이 공간을 만드는 행위도 아니다.

현대사회는 돈, 즉 국가화폐 없이는 살 수 없는 사회다. 화폐가 있어야 시장에서 자신이 필요로 하는 상품이나 서비스를 구입할 수 있기 때문이다. 게다가 수중에 돈이 제법 모이면 그 자체가 여러 가지

* 이 글은 『레츠 : 인간의 얼굴을 한 돈의 세계』(조너선 크롤 지음/ 박용남 옮김)의 서평을 옮긴 것이다.

방식으로 자신의 몸집을 불려나간다. 사람들이 돈을 만들어 놓고, 오히려 '돈! 돈!' 하면서 그것에 목숨을 거는 아이러니가 발생한다. '화폐의 물신성'을 꼬집은 마르크스의 말처럼 모든 사람들이 자신의 생산물이나 노동력을 화폐와 교환하기 위해 말 그대로 '목숨을 건 도약'을 한다. 그 도약에서의 실패는 곧 사회적 낙오와 개인적 죽음을 의미한다. 설령 일할 수 있는 능력과 일하고자 하는 의욕이 있더라도, 그것이 화폐 획득과 연결되지 않으면 무의미하게 되는 것이 바로 시장화폐경제의 냉혹한 논리이다.

레츠는 바로 이러한 시장화폐경제의 냉혹한 논리를 호혜적인 지역공동체원리라는 따스한 논리로 녹여 보려는 시도이다. 레츠의 구성원들은 지역화폐로 각자의 재화나 서비스를 서로 거래하기 때문에 국가화폐가 없어도 경제행위를 할 수 있다. 국가화폐는 교환을 용이하게 하는 수단이면서 동시에 그 자체가 목적이 되어 물불가리지 않는 돈벌이 수단이 된다. 하지만 레츠의 지역화폐는 교환을 용이하게 하는 수단일 뿐 돈벌이의 수단은 되지 않는다. 국가화폐를 이용한 일반적인 거래행위는 이득추구를 위한 비인격적 차원이지만, 레츠에서의 거래행위는 호혜적인 공동체 정신에 입각한 인격적인 차원이다. 뿐만 아니라 레츠는 지역구성원들의 물자와 서비스를 지역 내에서 재활용하고 순환시킴으로써 생태친화적인 지역경제활동을 촉진한다. 또한 불황이나 기타 지역외부의 교란에 대해 지역의 자립과 안정성을 높여 준다. 이런 의미에서 레츠는 가라타니 고진(柄谷行人)의 말처럼 국가화폐가 지배하는 냉혹한 시장경제에 대한 공동체적 대항운동이자, 경제행위의 윤리적 의미에 기초한 새로운 지역연대운동이다.

하지만 지역화폐도 어찌되었건 화폐인데 과연 그와 같은 신기한 마술이 가능할 것인가? 레츠는 그렇다고 답한다. 그 비밀은 바로 구성원 각자의 노동생산물 혹은 서비스에 기초한 지역화폐 발행(공동체적 신뢰에 기초한 개인의 지역화폐 발행과 유통)과 그에 기초한 호혜적인 거래에 있다. 레츠에 따르면 이는 결코 신비하고 이상한 마술이 아니다. 오히려 노동능력과 의사가 있는데도 수중에 국가화폐가 없어서 생존의 위협을 느껴야 하는 상황, 자신 노동이나 그 생산물이 화폐로 교환되지 못한다는 이유로 인해 사회적으로 곤경에 처하게 되는 현실이 바로 돈의 얼굴을 한 인간 세계의 서글픈 모습이며, 그것이야말로 국가화폐의 고약한 마법인 것이다. 지역화폐는 바로 국가화폐의 주술로 인해 인간이 망각해 버린 본래 얼굴을 되찾아 주는 화폐, 즉 '인간의 얼굴을 한 돈'인 것이다

조너선 크놀이 쓴 『레츠 : 인간의 얼굴을 한 돈의 세계』는 바로 국가화폐의 주술에서 깨어나게 하는 지역화폐의 마술을 이론적 논술이 아닌 실생활의 예를 통해 쉽게 설명한 책이다. 이 책의 기본 골격을 간략히 정리하면, 전반부(1~3장)는 레츠의 이념과 의미 그리고 제도적 기본골격을 소개하고 있으며, 중간부(4, 5장)는 레츠가 초래한 긍정적인 변화들과 아울러 현실적인 문제점을 소개하고, 후반부(6~8장)는 레츠가 당면한 문제점들을 레츠와 레츠 외부(시장시스템) 간의 문제를 중심으로 상세히 다룬다(시장과 국가화폐에 기초한 기업이 레츠에 참여하는 문제, 레츠 내에서의 소득행위와 관련된 사회보장지원문제와 세금 납부문제, 그리고 외부의 지원금에 대한 문제 등). 끝으로 마무리(9, 10장) 부분은 레츠의 사회적 의미와 함께 앞으로의 전망을 담고 있다.

이를 토대로 이 책의 특징을 몇 가지로 정리하면 다음과 같다. 첫째, 무엇보다 읽기 쉽다는 점이다. 전문적인 용어나 이론적인 개념

을 사용하지 않고 평이한 개념과 일상적인 예를 통해 할 말은 다 하면서 독자에게 쉽게 다가간다는 것이다. 이 책이 지닌 가장 큰 장점이다.

둘째, 책의 기본골격에서 알 수 있듯이 각 장을 나열하는 구조이면서도 내부적으로는 이념과 제도에서 장단점 그리고 당면 문제와 전망에 이르기까지 비교적 잘 짜인 논리적 구성을 하고 있다. 레츠를 처음 접하는 사람들에서부터 레츠 운영에 도움을 받고자 하는 사람들까지 모두에게 도움이 되는 책이다.

셋째, 각 장마다 주어진 문제를 다루면서 영국과 아일랜드 지역의 레츠 사례를 샌드위치식으로 끼워 넣어 독자의 입맛을 돋우고 있다. 다만 각 장의 에피소드가 각 장이 다루는 문제와 좀 더 긴밀하게 연관된 사례였으면 하는 아쉬움은 남는다. 또한 외국서적인 관계로 거론된 사례가 우리나라의 것이 아니라는 점도 아쉽다. 하지만 다행히 한밭 레츠에 대한 역자의 글이 첨부되어 있어 말 그대로 보론의 역할을 톡톡히 하고 있다.

끝으로, 새로운 제도나 운동을 소개하는 많은 책들이 추상적인 정당성과 가치에 몰두한 나머지 현실적인 한계나 문제점을 좀 과소평가하는 것이 일반적인 것에 비해 이 책은 이 점에 대해 비교적 솔직하다는 것이다. 영국의 상황이기는 하지만 “레츠 운동은 흥미로우면서도 위험한 단계”라며 당면한 어려움을 토로하고 있으며, “레츠가 21세기에 살아남을 것인가?”라는 물음에서도 비교적 균형 잡힌 감각을 보여주고 있다. 그러면서도 레츠가 21세기에 있어서 지역 차원의 중요한 대안운동이 되어야 한다는 강한 메시지를 그 이면에 깔고 있다.

사실 레츠는 아직 일반인들에게 낯선 이름이고 생소한 활동이다.

일부 지역에서 운영되고 있는 레츠 역시 당분간 국가화폐와 시장 중심의 사회에서 양적으로 극히 일부분을 점하는 데에 그칠 가능성이 높다. 하지만 레츠 운동의 의미는 양적인 차원에서 파악될 문제는 아니다. 단일한 종으로 구성된 생태계가 가장 취약한 시스템이고, 생물종 다양성이 풍부할수록 생태계의 지속가능성이 높다는 생태학적 원리는 단순히 자연에만 적용되는 것이 아니다. 사회의 지속가능성도 마찬가지이다. 하나의 화폐제도, 하나의 거래시스템으로 획일화된 사회보다 다양한 제도와 시스템이 서로 어울려 있는 사회가 장기적인 지속가능성이 더 높기 때문이다.

그러면 레츠 운동의 미래는 과연 어떻게 될 것인가? 중앙집권적 구조와 지역 불균형으로 인해 지역하면 지역감정이란 악취만 물씬 풍기는 우리의 현실, 간혹 이슈 중심의 지역운동은 있으나 레츠처럼 생활 속에 녹아있는 지역운동이 일천한 우리의 사회문화적 풍토가 솔직히 레츠의 미래를 가늠하기 어렵게 한다. 하지만 세계화라는 거센 강풍이 몰아치는 상황에서 그 파도를 타고 넘을 대안으로 지역운동이 주목받고 있다. 레츠의 의미도 그런 관점에서 다시 곱씹어볼 필요가 있다. 세계화에 휩쓸리는 지역화의 길을 갈 것인가? 세계화의 흐름을 타고 넘는 새로운 지역화의 길을 갈 것인가? 개인의 자유와 존엄성에 기초한 새로운 지역공동체 건설을 꿈꾸는 레츠는 아마 새로운 지역화의 길목 어디쯤인가에서 우리를 기다리고 있을 것이다. 그런 의미에서 레츠 운동은 지역 운동이 택할 수 있는 여러 가지 옵션 중의 하나로서 자리매김할 수 있을 것이다.

이 책의 저자인 조너선 크롤의 말처럼 레츠는 인간적인 공동체건설이라는 "오랜 꿈에 새 옷을 입히는 작업"이다. 지역균형발전이 최고의 화두로 떠오르고 있는 현 상황에서 돈으로 치장한 허울 좋은 지역화가 아니라 인간의 얼굴을 한 진정한 지역화를 고민하는 분들, 또 그 미래를 꿈꾸는 분들은 꼭 한번 읽어볼 만한 책이다. '한 사람이 꾸면 꿈으로 끝나지만, 여러 명이 꾸면 그 꿈은 현실이 된다는 말'은 단지 듣기 좋은 아름다운 시구로만 존재하는 것은 아닐 것이다.

『환경과 생명』 제39호, 2004.

04

타이타닉 경제에 보내는 영혼의 경고음*

훌륭한 사상이나 이념으로 유명한 사람에는 두 가지 부류가 있다. 사상이나 이념을 온 몸으로 체현하는 유형과 탁월한 논리나 글로 표현하는 유형이다. 이 가운데 전자에 해당하는 사람을 소개하거나 이해하려고 할 때, 장황한 설명이나 화려한 이력보다 그 사람의 행적 하나를 소개하는 것이 더 효과적이다. 4월말 한국을 방문한 사티쉬 쿠마르가 바로 여기에 해당되는 사람이다.

사티쉬 쿠마르는 냉전의 한파가 몰아치던 1960년대에 미국과 구소련의 핵무기 경쟁을 경고하기 위해 무일푼의 몸으로 인도에서 러시아, 유럽을 거쳐 미국까지 2년 반에 걸쳐 녹색의 평화순례를 벌인 인도출신의 생태운동가이다. 현재는 물질주의적 산업문명을 비판한 슈마허의 『작은 것이 아름답다』의 뜻을 계승하여 슈마허 칼리지를 운영하고 있으며, 생태주의 잡지로 유명한 『리서전스(Resurgence)』의

* 이 글은 사티쉬 쿠마르와 필자와의 대담을 Economy 21의 200호 특집 기고문으로 정리한 것이다.

편집장으로 활약하고 있다.

쿠마르처럼 온 몸으로 세상을 공부하는 사람들을 대할 때는 후자의 유형을 대할 때와 달리 대개 '잔잔한 삶의 감동'이라는 보너스가 하나 더 붙기 마련이다. 더구나 '몸'보다 '머리'로 사는 필자와 같은 사람들에게는 그 보너스가 만남을 더욱 설레게 만든다. 4월30일 오후, 서울 부암동 에너지대안센터에서 만난 쿠마르의 첫 느낌은 그날의 햇살만큼이나 맑고 따뜻하였다.

문: 만나서 반갑다. 한국 방문은 처음인가? 자연만이 아니라 건축 분야에도 관심이 많다고 들었는데 서울에 대한 첫인상이 어떤가?

답: 한국은 처음이다. 오늘 삼각산에 있는 화계사에 다녀왔는데, 절이 아주 인상적이었다. 그리고 한국의 아름다움에 상당히 강한 인상을 받았다. 내가 특히 좋아하는 것은 한국의 산이다. 서울의 산은 너무 아름다운 인상을 줬는데, 나는 이것이 일종의 '서울의 영혼'(Soul of Seoul)이라고 생각한다. 그러나 그것이 점점 사라지고 있다는 얘기를 듣고 좀 안타까웠다.

문: 나는 생태경제학을 공부하고 있는 학자인데, 혹시 생태경제학에 대해서 알고 있는가?

답: 아주 잘 알고 있다. 생태경제학은 아주 좋은 접근방식이다. 다만 저널 〈생태경제학(Ecological Economics)〉에 실린 글의 관점이나 영역이 너무 경제학적이어서 좀 아쉽다.

필자가 말문을 여는 차원에서 가볍게 던진 질문이 예상치도 않게 깊은 울림과 냉정한 평가가 담긴 답변으로 되돌아왔다. '서울의 영혼(Soul of Seoul)'! 철자와 발음이 유사한 까닭에 영어식 표현은 한글과는 전혀 다른 느낌으로 와닿았다. 어쩌면 물질주의에 찌든 서울이 자신의 영혼을 점점 상실해가고 있는지도 모르겠다.

"경제와 생태계는 한 몸"

우리나라 학계에 다소 생소한 이름인 생태경제학은 자연생태계가 인간 경제활동의 모태이자 미래세대와의 공유자산이란 인식하에 생태학과 윤리학으로 경제학의 시장원리를 쇄신하려는 시도이다. 하지만 아직 이 분야에서 생태학자나 여타 분야의 학자들보다 경제학자들의 활동과 글이 많다 보니 쿠마르가 생태경제학에 대해 아쉬움을 표방하는 것은 당연하다. 얘기가 나온 김에 경제와 생태계 간의 관련성에 대해 물어보았다

문: '경제'와 '생태' 간에 대해 어떻게 생각하는가? '경제적 관점'보다는 '생태적 관점'이 더 중요하다고 보는가?

답: 그렇다. 하나의 씨앗을 심으면 사과나무가 되고, 그 사과나무는 50년에 걸쳐서 우리에게 사과를 준다. 이것이 바로 자연이 주는 선물이다. 사과나무는 이렇게 묻지 않는다. 신용카드 있어요? 범죄 저지른 적 있어요? 사과나무는 가난한 사람과 부자, 죄인과 성자를 구분하지 않는다. 내가 자연과의 교감을 강조하는 심층생태론(deep ecology)을 강조하는 것도 이 때문이다. 우리는 경제와

생태계라는 이분법적이고 파편적인 인식에서 벗어나서 더 전일적이고 상호 연결되어 있다는 관점을 가질 필요가 있다.

문: 자연과 인간의 관계에 대해 좀 더 말해 달라.

답: 인도 철학에서는 우리가 자연과 평화롭게 지내는 것을 '야그나', 사회와 평화롭게 지내는 것을 '다나', 내적인 평화를 '사타스'라고 한다. 우리는 자연으로부터 많은 것을 얻는다. '야그나'는 자연으로터 우리가 취한 것을 다시 자연으로 돌려줘야 한다는 것이다. '다나' 역시 마찬가지다. 우리는 사회로부터 받은 관습, 문화, 교육 등의 선물을 사회에 다시 돌려줘야 한다. 또 우리는 개인의 상상력, 지능, 감정 에너지, 언어 같은 활동을 통해 내적 에너지를 고갈시킨다. 우리는 이것을 보충해야하고, 이를 위해서는 시간이 필요하다. 이것이 '사타스'다. 산에 올라갈 시간, 명상할 시간, 강가를 거닐 시간, 꽃을 관찰하는 시간, 마음속으로 평화를 느낄 수 있는 시간이 필요하다. 이 세 가지 평화에 대한 갈구가 따로 있는 것이 아니다. 생태적인 것, 사회적인 것, 정신적인 것을 하나로 인식해야 한다.

수박 겉핥기식으로 자연생태계를 고려하거나 과학기술이나 정책을 통해 환경 문제를 해결하려는 표층생태론(shallow ecology)과 대비하여, 쿠마르는 자연과의 정신적 교감을 중시하는 심층생태론(deep ecology)을 강조한다. 자연을 어떤 기술이나 정책의 '대상'으로 생각해서는 안 되고, 오히려 인간과 '한 몸'으로 생각해야 한다는 것이다. 그는 자연에 대한 근본적인 인식 전환, 자연에 대한 애정과 교감 없이는 환경 문제만이 아니라 사회 평화문제나 불평등 문제를 해결할 수 없다는, 아주 비장하면서도 근본적인 관점을 지니고 있는 셈이다.

▌'자립경제(스와데시)'는 침몰하는 타이타닉 경제의 구명선

환경 문제를 포함한 모든 사회 문제를 생태학적 조망하에 새롭게 통합해서 봐야 한다는 관점에는 동의하면서도, 사회과학과 정책을 통해 해결의 실마리를 찾으려는 필자의 '경제학자'로서의 본능이 발동했다. 쿠마르가 달가워하지 않을 것 같은 '경제학적 질문'을 던져보았다.

문: 전통경제학과 사회과학에서 강조하는 개발과 진보에 대해 어떻게 생각하는가?

답: '개발'이라는 단어는 이미 오염된 단어이고, 더 이상 의미가 없는 말이다. 1950년경에 미국의 한 대통령은 "이 세상에는 개발 국가와 저개발국가, 2개의 세계가 존재한다"고 말한 적이 있다. 비행기, 자동차가 있는 개발 국가와 농사를 짓고 절이 있는 저개발국가. 이런 식으로 사용된 '개발'이라는 단어는 절박한 현실을 감추는 데에 이용당할 뿐이다. '진보'라는 단어도 마찬가지다. 우리는 '양'만 따지는 개발이나 진보라는 기준을 버리고 '질'의 문제에 좀 더 관심을 가져야 한다. 그리고 사회와 자연의 조화로운 관계를 의미하는 새로운 단어를 사용해야 한다. 그것이 바로 자발성에 기초한 소박한 삶이다. 삶의 질, 문화의 질, 의식주의 질, 모든 면에서 '양'보다는 '질'을 따져야 한다."

문: 자치와 자립에 기초한 소박한 삶, 즉 간디가 말하는 스와데시(자립경제) 경제학이 그 대안이 될 수 있겠는가?

답: 그렇다. 스와데시는 굉장히 아름다운 단어이다. 이것의 의미는 우리가 경제적으로 자립할 수 있어야 한다는 것이다. 우리가 필요한 것을 가능하면 직접 만들 수 있어야 하고, 그게 불가능하면 마을에서, 마을에서 불가능한 것은 도시가, 도시에서 힘든 것은 국가가, 국가도 해결하지 못하는 것은 무역을 할 수도 있다. 바로 이렇게 내부에서 외부로 뻗어나가는 것이 바람직하다. 지금처럼 외부에서 모든 것을 수입하는 경제는 지속가능할 수 없다.

문: 간디가 이전에 "영국의 상황을 빗대 인도인들이 영국인과 같이 산다면 지구가 5개가 필요할 것이다"라고 얘기한 적이 있다. BRICs의 하나인 인도 경제가 최근 급성장하고 있다. 이와 관련하여 인도 출신으로서 남다른 감회는 없는가?

답: 간디는 인도에서 새로운 스와데시를 펼치려고 애썼지만, 독립 후 5개월 만에 살해되어 그 기회를 잃었다. 그 뒤를 이은 네루는 서양 교육을 받은 인도인으로 더 경제성장 중심적이었으며 산업 위주의 경제를 만드는 데 치중했다. 이것이 인도 비극의 시작이다. 이런 경제 성장 위주 정책은 현재까지 계속되고 있다. 인도는 결국 간디의 가르침을 따르지 못했고 그 결과는 파국일 것이다. 왜냐하면 인도에겐 5개의 지구가 없기 때문이다. 인도인들은 15년 내지 20년 이내에 지금과 같은 인도의 경제 성장 방법이 잘못되었다는 것을 알게 될 것이다. 그러면 다시 간디의 가르침을

진지하게 검토할 것이다.

문: 15년 내지 20년 이내라는 전망은 너무 낙관적인 것이 아닌가?

답: 비관주의를 생각한다면 그저 포기하는 것밖에 할 수 있는 것이 없다. 낙관주의는 우리가 행동할 수 있게 하는 힘이다. 우리가 비관적이면 수동적일 수밖에 없다. 내가 말하고 싶은 것은 위기가 닥쳤을 때, 그 위기를 벗어날 수 있는 '구명선'을 만들어야 한다는 것이다. 지금과 같은 산업자본주의는 언젠가는 망할 것이다. 〈작은 것이 아름답다〉의 슈마허가 말했던 땅과 공동체를 살리는 실천이 바로 그 구명선이 될 수 있다.

문: 그러면 산업자본주의와 관련된 많은 사람들은 어떻게 할 것인가? 빙하를 향해 질주하는 위기의 '타이타닉호'를 살릴 수 있는 방법을 생각해야 하지 않는가?

답: 내가 '구명선'을 준비해야 한다고 주장하는 것은 '타이타닉호'를 어떻게 구할 수 있을지 그 방법을 알지 못하기 때문이다. 불행하게도 좋건 싫건 간에 산업자본주의가 붕괴한다면 많은 보통 사람들이 고통을 받을 것이다. 하지만 그 고통은 바로 몬산토와 같은 다국적 생명공학기업과 조지 W. 부시나 토니 블레어와 같은 정치가, WTO, 세계은행, IMF와 같은 기존 시스템의 옹호자들에게 그 책임이 있다. 우리는 한편으로는 위기를 벗어날 수 있는 '구명선'을 만들면서, 시애틀의 저항과 같이 부시와 블레어, WTO 등에게 산업자본주의가 빙산을 향해 돌진하고 있다고 계속해서 경고를 할 필요가 있다.

문: 결국 생태적 자본주의 혹은 생태적 시장경제는 불가능하다고 보는가?

답: 자본은 은행의 것이 아니다. 자본에는 금융적 자본만 있는 것이 아니다. 나는 자연자원을 자본, 즉 자연자본(Natural Capital)이라 부르고 싶다. 우리의 자원은 자연에서 나온다. 우리는 금융자본이 아니라 자연자본에 대해 가르쳐야 한다. 자본주의의 개념을 바꾸어야 할 것이다.

대다수의 경제학자들은 쿠마르의 열변을 현실감각이 없는 한 자연주의자의 낭만적인 분노로 치부하겠지만, 생태경제학자로서 필자는 쿠마르가 열변을 토하는 심정을 충분히 이해할 만하였다. 우리가 경제성장률과 이자율 등 경제의 양적 지표에 몰두하는 이 순간, 지구 곳곳에선 생태계의 위험신호가 발생하고 있다. 거침없이 몰아치는 세계화 속에서 불평등과 실업과 기아라는 사회공동체의 붕괴 현상이 진행되고 있다. 위기에 처하게 될지도 모르는 타이타닉호 속에서 여전히 우리는 빙산의 수나 바다의 수심에는 관심이 없고, 항해시간 단축을 위한 속도계산에만 몰두하고 있는 것은 아닐까?

물론 위기에 대한 쿠마르의 지나친 비관은 근거 없는 낙관과 마찬가지로 그리 생산적이지는 않다. 중요한 것은 지금의 시장경제를 쇄신하여 혹시나 있을지 모를 타이타닉호의 불행을 사전에 대비하는 것이다. 이 점이 심층생태론자인 쿠마르와 생태경제학자인 필자의 견해가 엇갈리는 부분이다.

어쩌면 엇갈린다는 표현이 쿠마르에겐 좀 부당한 것일지도 모르겠다. 사실 타이타닉호의 안전운행을 고민하고, 그 경제적 해법을 제시해야 할 사람은 쿠마르가 아니라 필자를 포함한 대다수 경제학자들의 몫이기 때문이다. 우리가 진정 쿠마르에게 묻고, 배워야 할 것은 어떤 대안이 아니라 문제를 대하는 강한 신념과 실천적 자세일 것이다. 필자처럼 학자들이란 종종 자기도 잘 모르는 문제에 대한 고민을 이렇게 엉뚱하게 발산하는 버릇이 있다.

▌호모 에코노미쿠스가 된 호모 사피엔스의 비극

방한 일정상 짧은 만남이었지만 보너스의 여운은 길었다. 쿠마르의 순수한 눈과 단호한 언사들, 그리고 그 속에 강하게 배어 있는 확신에 찬 신념들…. 그래서인지 인사를 마치고 떠나는 쿠마르의 '몸'은 바쁜 일정 속에서도 가벼워 보였지만, 나의 '머리'는 아주 무겁게 느껴졌다.

첨예한 경제적 이해관계와 냉혹한 정치적 파워게임이 난무하는 현실 속에서 쿠마르의 조용한 외침과 생태영성주의의 의미를 어떻게 이해해야 할까? 일부에선 생태영성주의가 이상적이고 신비적인 경향이 있다고 곱지 않은 시선을 보내는 사람들이 있다. 그 이유 역시 충분히 수긍할 만하다.

하지만 아무리 경제적 계산이 크게 작용하는 현실이지만 인간은 결코 한 가지 동기에 의해서만 좌우되는 존재가 아니다. 또 그래서도 안 될 것이다. 어쩌면 현대경제학의 비극은 다양한 가치기준을 생각하는 '호모 사피엔스(Homo Sapiens)'를 경제적 이해관계만 중시하는 '경제인(Homo Economicus)'으로 치환해 버린 것에 있는 것은 아닐까?

경제학자들은 '양적인 가격(price)'에 대해서는 잘 알지만, '진정한 가치(value)'에 대해서는 잘 모른다고 한 오스카 와일드의 말에서 우리 경제학자들, 나아가 오늘을 살아가는 많은 현대인들은 얼마나 자유로울 수 있을까?

『Economy 21』 200호 특집, 2004.

조영탁 曺永卓

서울대학교 경제학과를 졸업하고 같은 대학교에서 석사 및 박사학위를 받았다. University of Maryland Institute for Ecological Economics의 비지팅 스칼라, 한국생태경제연구회 회장, 에너지시민연대 정책위원장, 전력수급기본계획 위원 및 에너지기본계획 전력분과장, 한국경제발전학회 회장, 한국전력거래소 이사장을 역임하였고 현재 한밭대학교 경제학과 교수로 재직 중이다.

주요 논문으로「생태경제학의 방법론과 비전」,「지속가능한 전력시스템과 천연가스발전」등이 있으며, 저서로는『한국경제의 지속가능한 발전 전략: 생태경제학의 기획』이 있다.

생태경제학자 조영탁,
생태경제와 그린 뉴딜을 말하다

2021년 6월 21일 초판 1쇄 펴냄

저 자 조영탁
발행인 김흥국
발행처 보고사

책임편집 이경민
표지디자인 손정자

등록 1990년 12월 13일 제6-0429호
주소 경기도 파주시 회동길 337-15 보고사
전화 031-955-9797(대표)
02-922-5120~1(편집), 02-922-2246(영업)
팩스 02-922-6990
메일 kanapub3@naver.com / bogosabooks@naver.com
http://www.bogosabooks.co.kr

ISBN 979-11-6587-189-5 03320

정가 16,000원